beat it!

campus concret

Andreas Böss-Ostendorf ist Theologe, Pädagoge und Gruppenanalytiker. Er arbeitet als Studentenseelsorger im Friedrich Dessauer-Haus in Frankfurt am Main. Seit 1994 bietet er Prüfungscoaching an. Er ist Lehrbeauftragter für Schlüsselqualifikationen an der FH-Frankfurt.

Holger Senft ist Germanist, Werbetexter und Prüfungscoach. Als Autor wurde er unter anderem mit dem Preis des Literaturwettbewerbs »Junges Literaturforum« Hessen-Thüringen (1992) und dem Preis des Literaturwettbewerbs Stockstadt/Rh. (2000) ausgezeichnet. Er lebt in Offenbach am Main.

Die Homepage zum Buch: www.beatyourdraxx.de

Lillian Mousli lebt in Berlin und in Santa Cruz, Kalifornien. Zu ihren Comic-Veröffentlichungen zählen »Das Gruselalphabet« (1994/97), »Liebe in Zeiten der Drachen« (1995/99) und »Stray Cats Nr. 1-4« (1997-1998). Lillian Mouslis Homepage: www.mousli.com

Andreas Böss-Ostendorf, Holger Senft

beat it!

Der Prüfungscoach für Studium und Karriere

Mit Illustrationen von Lillian Mousli

Campus Verlag
Frankfurt/New York

Bibliografische Informationen der Deutschen Bibliothek

Die Deutsche Bibliothek verzeichnet diese Publikation in der Deutschen National-
bibliografie. Detaillierte bibliografische Daten sind im Internet über http://dnd.
ddb.de abrufbar.

ISBN 3-593-37696-2

Copyright © 2005 Campus Verlag GmbH, Frankfurt/Main
Umschlaggestaltung: Guido Klütsch, Köln
Umschlagmotiv: Lillian Mousli, Berlin
Satz: Leingärtner, Nabburg
Druck und Bindung: Druckhaus Beltz, Hemsbach
Gedruckt auf säurefreiem und chlorfrei gebleichtem Papier.
Printed in Germany

Besuchen Sie uns im Internet: www.campus.de

Vorsicht Falle!

Wir müssen Sie warnen: Sie werden beobachtet. Seit längerem schon. Jeder Schritt, der Sie Ihrer Abschlussprüfung näher bringt, führt Sie tief in Feindesland hinein. Lange bevor Sie Ihr Examen oder Diplom in der Tasche haben, sind Ihnen Ihre Gegner bereits auf den Fersen und versuchen, Ihnen Fallen zu stellen. Sie neiden Ihnen nämlich den Erfolg und sind nicht bereit, mit Ihnen ihre Wissensschätze zu teilen. »Was soll's, ich werd' schon aufpassen«, könnten Sie sagen. Okay, wir wollten Sie nur gewarnt haben. Ihre Gegner haben Ihnen gegenüber nämlich zwei entscheidende Vorteile: Sie sind unsichtbar, und sie sind spezialisiert auf Prüfungsvereitelung. Anders gesagt: Wenn Ihnen am Tag X ein übel gelaunter Prüfer gegenüber sitzt, kurz vorm Lerndurchbruch Ihre Partnerbeziehung heftig kriselt oder sich Ihr Rechner *vor* dem Abspeichern des zentralen Kapitels von Ihnen verabschiedet, dann verdanken Sie das alles der Meisterschaft Ihrer listigen Gegner.

Darauf sollten Sie sich einstellen, wenn Sie sich auf Ihre Prüfungen vorbereiten. Aber um sich dagegen wappnen zu können, müssen Sie Ihren Gegner erst einmal kennen lernen. Was sind das für Wesen, die Ihnen alles Üble wünschen? Und auf welche Sabotageakte müssen Sie sich in welcher Phase einstellen? Seit ein paar Jahren kennen wir die Antwort. Genau genommen seit 1997. Damals bezog die Deutsche Bibliothek in Frankfurt am Main ihr neues Domizil. Bei Abräumarbeiten im Altbau fand ein Bibliotheksangestellter im Sockel eines Regals ein Bündel Briefe. Eine intensive Prüfung dieser Fundsache hat ergeben: Die Briefe stammen offensichtlich direkt aus der Feder derjenigen, die Ihnen als Prüfling das Leben so schwer machen. Wer hat sie geschrieben? Allem Anschein nach handelt es sich dabei um eine sehr aggressive Reptilienart, die bisher dem Bereich der Mythen zugeordnet worden ist. Aber wie Ihre Gegner aussehen, ist nicht entscheidend. Wie sie denken und arbeiten, ist viel wichtiger. Wir dokumentieren diesen Fund, weil er Ihnen einen Einblick in die Welt der geheimnisvollen *Prüfungsdrachen* erlaubt. Über den Verfasser der Briefe, der sich selbst Pythoxx nennt, brauchen wir an dieser Stelle ebenso wenig zu sagen, wie über Draxx, den Empfänger. Die Briefe sprechen für sich selbst. Sie können Ihnen dabei helfen, sich in der jeweiligen Prüfungsphase auf die entsprechende Maßnahme des Gegners einzustellen, mit der er versuchen wird, Sie aus dem Gleichgewicht zu bringen. Jedes Kapitel beginnt deshalb mit einem Drachenbrief und beschäftigt sich dann mit der Frage, wie man seinen roten Faden in chaotischen Prüfungszeiten findet. Und wie man sich so gut vorbereitet, dass die Prüfung gelingt.

Wer auf eine Prüfung zusteuert, begegnet vielen Drachen. Manche sind riesig, etliche äußerst unheimlich, die meisten hässlich, und einige werden Ihnen sehr vertraut sein. Wir wollen Ihnen helfen, sich so gut wie möglich auf diese Begegnungen einzustellen, damit Sie genug Mut entwickeln, um zu sich selbst sagen zu können:
beat it!

Inhalt

Warum Sie einen Coach brauchen 9

1. Die Mitspieler 11
   Die Prüfung 13
   Der Prüfer 27
   Der Prüfungskandidat 41
   Der Prüfungsstoff 57
   Das Umfeld 71

2. Das Training 85
   1st beat: Anmelden 87
   2nd beat: Überblicken 103
   3rd beat: Strukturieren 117
   4th beat: Bearbeiten 131
   5th beat: Wiederholen 147
   6th beat: Präsentieren 163

3. Beat it now! 179
   In der Klausur 181
   In der mündlichen Prüfung 193
   Bestanden 213
   Durchgefallen 225
   Abschlussgespräch 239

Literatur 247

Warum Sie einen Coach brauchen

Im Sport steht ein Coach an der Außenlinie des Spielfelds und gibt seinem Team wichtige Hinweise. In entscheidenden Phasen kann er das Spiel unterbrechen, zum Beispiel beim Basketball, um seiner Mannschaft Instruktionen zu geben –»Time out!«. Weil er das Spiel von außen beobachtet, kann der Coach sein Team auf Schwachpunkte im eigenen Verhalten aufmerksam machen und auf Lücken in der Deckung des Gegners hinweisen. Ein Coach wird immer versuchen, seine Spieler zu motivieren und das Spiel für sein Team positiv zu beeinflussen. Wenn die eigene Mannschaft zurück liegt und kopflos gegen das Team des Gegners anrennen will, bringt er Struktur in die Angriffsbemühungen. Er hilft Ruhe zu bewahren, wenn Hektik aufkommt, und fordert Konzentration ein, wenn die Mannschaft müde wird. Der Coach ist ein Mental-Trainer, der seiner Mannschaft keine festgeschriebenen Verhaltensmuster aufzwingt. Er reagiert stattdessen situativ und stellt seine Schützlinge optimal auf das Hier und Jetzt ein.

Ein Prüfungscoach arbeitet ganz ähnlich. Er weiß, dass der Prüfling gleich mit mehreren Gegnern zu kämpfen hat: dem Prüfer, dem Prüfungsstoff, einem unberechenbaren Umfeld und nicht zuletzt immer wieder mit den eigenen Ängsten. Letztlich ist es egal, ob es sich um das Abi, die Zwischenprüfung oder das Examen handelt – Prüfungen sind immer Stresssituationen. Sie müssen als Prüfling an vielen Stellen gleichzeitig aktiv sein und dürfen sich nicht vom Gegner überrennen lassen. Mit einem Prüfungscoach behalten Sie den richtigen Überblick.

Der Coach, der in diesem Buch zur Sprache kommt, greift auf einen Erfahrungsschatz von mehr als zehn Jahren zurück. Hunderte von Studierenden hat er auf ihrem Weg durch die Vorbereitungen und durch die Prüfung begleitet. Er hat zugehört, nachgefragt, Ängste angesprochen und Konflikte aufgelöst. Er war dabei, als viele Tränen vergossen wurden und hat sich mitgefreut, wenn es Grund zur Freude gab. Der Coach in diesem Buch spricht nicht *über* Prüfungen, sondern *von* Prüfungen. Er gibt nicht *seine* Weisheit zum Besten, sondern lässt die vielen Studierenden zu Wort kommen, die in zahllosen Coaching-Gesprächen von ihren Prüfungen, ihren Ängsten und Strategien erzählt haben. Der Coach hat diese Erfahrungen gesammelt und so bearbeitet, dass sie Ihnen, der Leserin, dem Leser, helfen sollen, gut »gecoacht« in die Prüfung zu gehen. Deshalb ist *beat it!* auch kein Lehrbuch – davon haben Sie bestimmt schon genug. Es ist ein Praxisbuch, das sich auf dem Spielfeld bewähren muss. Außerdem ist es so gestaltet, dass es sich an *alle* Prüfungskandidaten richtet, unabhängig von ihrem jeweiligen Fachbereich.

beat it! ist zwar aus studentischen Coachingprozessen entstanden, aber das Buch »funktioniert« in der beruflichen Aus- und Weiterbildung genauso gut. Denn die Grundfragen der Vorbereitungs- und Lebensgestaltung in Prüfungszeiten sind die gleichen.

Wer sich auf eine Prüfung vorbereitet, muss sich taktisch klug aufstellen und mit einem wechselhaften Spielverlauf rechnen. Im ersten Teil wird der Coach darum mit Ihnen an Ihrer Einstellung zur Prüfung arbeiten. Im zweiten Teil wird er Sie dann etappenweise auf die anstehenden Aufgaben vorbereiten. Zuletzt wird er Ihnen noch ein paar wichtige Hinweise zum Verhalten auf dem Platz und zur Nachbereitung des Spiels geben.

Vor dem großen Showdown darf der Kandidat ruhig Angst haben. Es kommt nur darauf an, wie er damit umgeht. *Don't feed it – beat it!*

1
Die Mitspieler

Die Prüfung

Mein lieber Draxx,

was du von deinem neuen Klienten schreibst, klingt sehr vielver-sprechend. Die anstehende Prüfung scheint wirklich der ideale Weg zu sein, ihn richtig weich zu kriegen. So, wie du ihn schilderst, klappt er schon beim bloßen Gedanken an das Thema zusammen. Du musst ihn deshalb weiter in der Vorstellung bestärken, dass „die Prüfung" wirklich etwas Schreckliches ist, dem er sich niemals wird entziehen können – und das er deshalb möglichst lange auf Distanz halten sollte. Wir brauchen diesen Hang zur Ausweglosigkeit, der, wenn er von dir professionell begleitet wird, über eine Phase der Panik schließlich im Endstadium zur völligen Resignation führt. Fatalistische Haltungen haben bei unseren Klienten ja immer die reizvolle Wirkung, dass sie zu einer sehr starken Fixierung auf die Emotionen führen und eine sachliche Auseinandersetzung mit dem Thema Prüfung fast völlig blockieren.

Sehr lustige Ergebnisse erzielte ich mal mit einem Klienten, den ich kurz vor Abschluss seines Studiums von einem abberufenen Kollegen übernehmen musste. Ohne mich selbst besonders rühmen zu wollen – es gelang mir in mühevoller Arbeit schließlich, eine derartige Angst vor der Examensprüfung in ihm heranzuzüchten, dass er in Vollpanik verfiel und zur Anfertigung der letzten Hausarbeit mental nicht mehr fähig war – und das, obwohl ihm zur Examenszulassung nur noch ein einziger Schein fehlte! Unter meiner Obhut hat sich seine Panik in den letzten Jahren zu unser aller Zufriedenheit entwickelt (der Fall ist übrigens auch in der Fachpresse von namhaften Vertretern der Lehrakademie ausführlich gewürdigt worden). Er laboriert mittlerweile an einer äußerst gelungenen Neurose, die mir viele weitere Behandlungsmöglichkeiten eröffnet hat.

Solche Prachtexemplare von Blockaden gelingen natürlich nicht immer, aber manchmal sind sie die lohnende Frucht des immensen Arbeitsaufwands, der nun einmal Teil unseres Auftrags ist.

Eine Frage noch: Verwendet dein Klient den Sprachgebrauch „die Prüfung"? Wenn ja, dann sorge dafür, dass er dabei bleibt.

Die Verwendung des Singulars hat für uns enorme Vorteile. Sie zeigt an, dass er noch nicht weiter vorgedrungen ist als bis zur äußeren Gestalt seiner Angstbilder. Niemals darf er auf die Idee kommen, diese Bilder zunächst einmal zu akzeptieren, und schon gar nicht, sie genauer anzusehen – denn dann würde er erkennen, dass sie ihm etwas mitteilen können. Es wäre leider nicht das erste Mal, dass ein Klient nach rationaler Bewältigung seiner Ängste plötzlich mit mächtigen Waffen ausgestattet ist, gegen die wir nichts mehr ausrichten können (Hier möchte ich dir nur kurz den Fall Siegfried ins Gedächtnis rufen. Du erinnerst dich noch an den bedauernswerten Kollegen Fafnir?)

Soweit ich die Lage aus deinem Brief beurteilen kann, können wir aber mit dem aktuellen Verlauf des Prozesses zufrieden sein. Du musst nur darauf achten, dass dein Klient in seiner momentanen Gefühlsfixierung nicht dahinter kommt, dass es mehrere Prüfungen sind, auf die er sich einstellen muss. Sonst zerfällt die große Drohkulisse in kleinere Einzelherde. Es ist leider nun mal so, dass ein Feuer schneller erlischt, wenn die brennenden Scheite auf breiter Fläche verteilt werden. Falls das geschehen sollte, lass dich nicht zu Aktionismus hinreißen! In diesem Fall gilt es dafür zu sorgen, dass sich die Angst deines Klienten auf andere Felder ausweitet: auf die Angst vor den „übermächtigen Prüfern" etwa oder auf eine vage Angst vor den „vielen Prüfungen". Niemals darf dein Klient erkennen, dass er sich mit jeder Prüfung Schritt für Schritt weiter entwickeln kann. Mit anderen Worten: Er darf unter keinen Umständen wissen, dass die Erfahrung aus der ersten Prüfung mit in die zweite Prüfung genommen wird. Versuche deshalb, ihn beim Eindruck des Diffusen, Übermächtigen zu belassen, sobald er an Prüfungen denkt. Schon gar nicht darf er anfangen, ernsthaft über alles nachzudenken.

Noch eine formale Sache: Wie auch immer es andere Lehrdrachen handhaben mögen – ich erwarte von dir alle 14 Tage einen ausführlichen Statusbericht in schriftlicher Form, der mir Grundlage deiner Betreuung sein wird.

Dein Pythoxx

Coaching

Sophie hat nach Abgabe der Magisterarbeit im Fach Politikwissenschaften gut zwei Monate Zeit, sich auf drei Klausuren vorzubereiten. Zwei Wochen vor der ersten Klausur präsentiert sie die fertigen Gliederungen sowie Materialsammlungen zu allen Themen.

Sophie: Ich gehe täglich in die Bibliothek, es gibt noch so viel zu tun, aber so nach vier, fünf Stunden verliere ich die Konzentration.

Coach: Was muss denn noch getan werden?

Sophie: Immer, wenn ich irgendetwas lese, fallen mir noch neue Einzelheiten auf.

Coach: Vielleicht sollten wir die hier ausgebreiteten Gliederungen beiseite legen und schauen, wie es Ihnen heute, zwei Wochen vor der ersten Klausur, geht.

Sophie: Also, vor ein paar Tagen habe ich mir überlegt, welches Bild ich von den Klausuren habe. Ich habe mir eine Tür vorgestellt, die ich mit meinen Themen aufschließe. Die Themen passen zu mir, sie interessieren mich, das ist wie der Schlüssel für die Klausur. Hinter der Tür ist ein Fluss, in dem viele Steine liegen. Ich habe einen Plan, auf dem ich sehen kann, auf welche Steine ich treten muss, um gut über den Fluss zu kommen. Dieser Plan ist meine Gliederung. Es kann eigentlich gar nichts passieren.

Coach: Es geht also ums Rüberkommen.

Sophie: Ja klar, ans andere Ufer, dann ist alles vorbei.

Coach: Und was ist dort, am anderen Ufer?

Sophie: Freiheit? Neue Möglichkeiten? Was weiß ich? Ich will darüber jetzt noch gar nicht nachdenken. Ich hab' im Moment doch gar keine Zeit, mich um Bewerbungen oder so was zu kümmern.

Coach: Wenn Sie das andere Ufer erreichen, sind Sie fast Magistra in Politikwissenschaften, dann fehlen Ihnen nur noch die mündlichen Prüfungen.

Sophie: Na klar! Dann bin ich wieder ein Stück weiter.

Coach: Ich bedauere es fast ein bisschen, dass die spannenden Themen, die Sie bearbeiten, nicht in Ihrem Bild vorkommen: die Bedeutung der EU-Osterweiterung für Sinti und Roma, Krisen und Wandel in der Geschichte der Sozialdemokratie, Frauenbewegungen in Osteuropa.

Sophie: Ja, in dem Bild sind sie nur dazu da, den Fluss zu überqueren. Da ist auch niemand, dem ich zeigen kann, was ich zu den Themen erfahren habe.

Coach: Ich kann mir vorstellen, dass Ihre Prüfer gerne lesen würden, was Sie nach der Beschäftigung mit Praxis und Theorie dazu zu sagen haben.

Time out: Die Prüfung

Das Diplom als Statussymbol

Prüfungen werden immer als existenzielle Situationen erlebt. Sophie stellt sie sich als Kombination von zwei Bildern vor, die beide etwas mit Übergängen zu tun haben: der Durchgang durch eine Tür und das Überqueren eines Flusses. Damit hat sie unbeabsichtigt die zwei wichtigsten gesellschaftlichen Funktionen von Prüfungen genannt: *Statusverleihung* und *Auswahl*.

Statusverleihung: Wer geprüft wird, ist nach der Prüfung ein anderer. Bei Abschlussprüfungen verliert er seine Identität als Studierender und wird Jurist, Ingenieur, Magister … Das erklärt den rituellen Charakter der Prüfung, der – bei allen Verschiedenheiten – einen Vergleich mit den Initiationsriten anderer Kulturen zulässt. Die Hauptfunktion dieser Rituale ist der Übergang (Tür) in die Gruppe der Erwachsenen. Anders gesagt: Der Absolvent erfährt die kollektive Anerkennung der veränderten sozialen Beziehungen. Dabei hat das Prüfungsritual eine kulturspezifische Funktion zu erfüllen. Es dokumentiert den Entwicklungsstand des Kandidaten und vollzieht sichtbar den Übergang in eine neue gesellschaftliche Position (Scheer/Zenz 1973, S. 11 ff.). Ursprünglich waren Rituale Hilfen zur Krisenbewältigung, wenn sich im Leben gerade alles veränderte. Doch nur wenige Initiationsriten haben bis heute überlebt. Der Prüfungsritus ist einer davon. Leider schrecken viele Studierende vor dieser Hürde zurück; unter anderem, weil sie im Umgang mit Ritualen unerfahren sind und ihre hilfreiche Funktion nicht erkennen.

Auswahl: Wer eine anerkannte gesellschaftliche Position einnehmen möchte, muss sich zuvor dafür qualifizieren. Wer schafft es, eine tragfähige Brücke zu bauen und über den Fluss zu kommen? Oder, wie Sophie, die richtigen Trittsteine zu finden, um trocken und sicher das andere Ufer zu erreichen? Prüfungen sind als Rekrutierungs- und Selektionsinstrument angelegt. Sie sollen möglichst objektiv messbar, zuverlässig und prognostisch zutreffend sein. An einem Auswahlverfahren teilnehmen zu müssen, kann Angst auslösen: Was ist, wenn ich nicht dazu gehöre? Wenn ich nicht gut genug bin? Die Angst davor, eingeordnet und eventuell ausgesondert zu werden, verbindet sich mit einer weiteren Form der Angst: der Angst vor einer ungewissen Zukunft. Um in Sophies Bild zu bleiben: Was ist hinter der Tür? Was wartet jenseits des Flusses auf mich? Neue Situationen haben die Macht, Angst auszulösen. Eine typische Facette von Angst ist die Unsicherheit vor einer neuen, ungewissen Situation, der man sich (noch) nicht gewachsen fühlt (Riemann 1986, S. 9). Prüfungsangst vermischt sich oft mit der Angst vor dem, was nach der Prüfung kommt.

Kafka meets Prof. Dr. Zombie

Die Situation der Prüfung an sich ist für Studierende häufig ebenfalls Neuland. Das drückt sich oft in drastischen Sprachbildern aus. In der Fantasie vieler Studierender spiegelt sich das Macht- und Ohnmachtgefälle zwischen Prüfer und Prüfling in Formulierungen wider wie:

»Ich sehe den Prüfer schon grinsen, wenn ich in die Folterkammer gehe.«

»Der Professor wird mit mir spielen, wie die Katze mit der Maus.«

»Die Professorin lacht sich über mich schepp, wenn sie sieht, wie ich übers Glatteis schlittere.«

»Die Prüfung ist eine Hürde, über die ich mich quälen muss, dahinter steht schon die nächste.«

Bei einer Prüfung geht es immer um die Bewertung von Leistung. Und dabei melden sich rasch bekannte Gefühle: Welche Erfahrungen habe ich in der Schule mit Benotungen gemacht? Wurde ich in der Kindheit oft gelobt? Habe ich gelernt, mit Kritik umzugehen? Habe ich das Vertrauen, etwas Gutes schaffen zu können? In einer mündlichen Prüfung ist der Bewertungsaspekt zugespitzt, denn hier geht es darum, vor den Augen anderer etwas zu schaffen. Man mag sich während des Studiums daran gewöhnt haben, Arbeitsergebnisse von Professoren bewerten zu lassen. Aber eine mündliche Prüfung ist eher wie eine Laborsituation. Man steht unter besonderer Beobachtung. In den meisten Studienfächern ist das eine vollkommen ungewöhnliche Situation und nur auf Prüfungen beschränkt. Prüfungsfantasien wie die folgenden sind aus diesem Stoff gemacht:

»Die Professorin sitzt hinter einem hohen Pult, in der Hand eine große Lupe, und ich stehe nackt vor ihr.«

»Ein großer Platz, viele Leute sind gekommen. Mir werden Fragen gestellt und alle lachen über mich und meine Antworten.«

Flucht oder Durchhalten?

Prüfungen haben das Potenzial, Angst auszulösen. Sieht man Angst als physiologische Reaktion, die durch höheren Pulsschlag und Adrenalinausschüttung Energiereserven bereitstellt, dann ist eine bestimmte Dosis Angst erfolgsfördernd. In der Angst schwingt aber immer ein Fluchtimpuls mit: Nicht an die Prüfung denken! Sich nicht mit der Prüfung beschäftigen! Nicht lernen! Abmelden! Wegbleiben! Abschalten!

Eine Frage taucht im Zusammenhang mit Prüfungen immer wieder auf: Was bewerten eigentlich Prüfungen? Das reine Fachwissen? Problemlösungskompetenz? Allgemeinbildung? Persönliches Auftreten? Was genau sagt die Endnote auf dem Diplom aus? Die weite Verbreitung der Prüfungsangst lässt darauf schließen, dass immer auch die Fähigkeit bewertet wird, wie der Prüfling mit der Angst umgehen kann. Prüfungsangst beeinträchtigt die Konzentrationsfähigkeit, das Denkvermögen, die sprachliche Ausdrucksfähigkeit und die soziale Kontaktaufnahme – alles Kompetenzen, um die es gerade in der Prüfung geht. Wer gut mit der Angst umgehen kann, wird diese Fähigkeiten auch unter Druck ungestört aktivieren und erfolgreich sein. Viele Prüfungskandidaten setzen aber alles daran, ihre Angst auszublenden und furchtauslösenden Fantasien keinen Raum zu geben. Das jedoch bändigt die Angst nicht, sie wirkt im Unbewussten weiter und führt zu massiven Beeinträchtigungen der persönlichen Leistungsfähigkeit. Ein konstruktiver Umgang mit der Angst besteht nicht in der Vermeidung der Gefühle, sondern in der bewussten Beschäftigung mit den inneren Bildern über die Prüfung.

Den eigenen Bildern trauen

Um innere Bilder geht es auch beim Lernen. Die Prüfungsvorbereitung hat ein Ziel: die Produktion und die Gestaltung eines inneren Bildes über das Thema oder den Lerngegenstand. Unser Gedächtnis ist keine Datenbank. Wir erinnern uns, indem wir Erfahrungen zu Vorstellungen verknüpfen. Wenn dadurch prägnante innere Bilder entstehen, werden sie zu verlässlichen Inhalten des Gedächtnisses. Lernen ist deshalb nicht nur das Füttern eines Datenspeichers für den späteren Abruf, sondern vielmehr das Gestalten der inneren Vorstellungen über das Thema. Im Prüfungsdialog geht es um den Austausch dieser inneren Bilder. In einer gelungenen Prüfung war es dem Absolventen möglich, seine Vorstellungen so zu verbalisieren, dass sie vom Prüfer verstanden und qualifiziert werden konnten. So gesehen ist der oft gehörte Rat an Kandidaten »Denk nicht an die Prüfung!«, »Schalte die Fantasien ab!«, »Mach' dir doch keinen Kopf!« absolut kontraproduktiv. Viele gute Prüfungen wurden zuvor in der Fantasie immer wieder durchgespielt. So konnte der Prüfling innere Bilder über den Ablauf seiner Prüfung entwickeln, sich mit ihnen vertraut machen und dadurch eine Vielzahl von Verhaltensmöglichkeiten erproben. Auf diese Weise eignete er sich ein flexibles und authentisches Prüfungsverhalten an, das ihm in der konkreten Situation Vorteile verschaffte.

So könnte die Prüfung aussehen

Viele Absolventen berichten nach ihrer Prüfung von einer erstaunlichen Erfahrung: Der Angstpegel ist während der Prüfung niedriger gewesen als vorher (Scheer/Zenz 1973, S. 68). Was ist es, das in der Prüfung einen Teil der Angst nimmt? Es ist die in der Prüfung gewonnene Struktur. Angst ist verbunden mit Unsicherheit und Unüberschaubarkeit. Der Handschlag des Prüfers bei der Begrüßung, die Sitzordnung, der Gesprächseinstieg – all diese Rituale geben der neuen, ungewohnten Szene eine reale Gestalt und Form. Worüber man vorher in endlosen Fantasien nur spekulieren konnte, ist einer Erfahrung gewichen und hat seine beängstigende Undurchschaubarkeit verloren.

Ein Strukturmodell, das den angstauslösenden Bildern eine Orientierung entgegensetzen kann, ist das Prüfungsdreieck. Wir haben es in Anlehnung an das TZI-Modell von Ruth Cohn (Cohn 1989) entwickelt. In der themenzentrierten Interaktion (TZI) wird das Dreieck als Beziehungsmodell für die Kommunikation genutzt. Die Person (Ich), die Interaktionen der Menschen untereinander (Wir) und das Thema (Lernstoff, Arbeitsaufgabe) sind die Pole eines gleichseitigen Dreiecks und gewährleisten mit dem »Globe« (Umfeld) eine »ganzheitliche Sichtweise vom Lernen, Leben und Zusammenleben« (Langemaak 2001, S. 49).

Übertragen auf die Prüfungssituation werden mit diesem Modell die Beziehungshintergründe einer Prüfung anschaulich und klar. Wie jede Form der Kommunikation beinhaltet auch die Prüfung mindestens zwei Personen (Kandidat, Prüfer) und ein Thema. Wie in einem Dreieck stehen diese Elemente miteinander in Beziehung. Die sich daraus entwickelnde Prüfungsszene – also die Art und

Weise, wie Kandidat und Prüfer mit dem Thema umgehen – spielt sich in einer bestimmten Umgebung ab, symbolisiert durch den Kreis (Globe).

Für einen idealen Prüfungsverlauf ist ein Gleichgewicht der Pole optimal – mit ungestörten Beziehungen und förderlichen Rahmenbedingungen (siehe Abbildung). Im Gesprächsverlauf kommt es erfahrungsgemäß aber nur ganz selten zur Form eines genau gleichseitigen Dreiecks. Ist beispielsweise die Beziehung zwischen Kandidat (K) und Prüfer (P) belastet oder stehen sie sich sehr fern, werden sie es schwer haben, sich motiviert mit einem Thema (T) auseinander zu setzen. Oder dominiert P das Thema, so wird K Schwierigkeiten haben, mit dem Thema in Bezug zu kommen. Durch die kommunikative Kompetenz, die jeder Mensch im Laufe seines Lebens für sich erworben hat, ist er mehr oder weniger dazu befähigt, Störungen in diesem Dreieck sowohl wahrzunehmen als auch darauf zu reagieren.

Ideales Prüfungsverhältnis

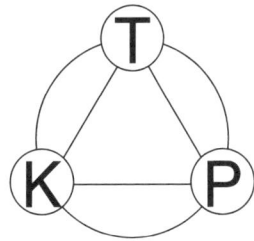

Das Prüfungsdreieck ist gleichseitig: Die Beziehung zwischen Prüfer und Prüfungskandidat sowie deren Kontakt zum gemeinsamen Thema sind unbelastet. Das Umfeld verbindet alle Punkte und sorgt für einen störungsfreien Gesprächsverlauf.

Alles im Blick?

Die Stärken dieses Modells liegen in seiner Anwendbarkeit: Es erlaubt eine einfache Darstellung der Zusammenhänge, ohne die Komplexität der Situation zu stark zu reduzieren.

Außerdem regt seine Offenheit zur Interpretation an. Auch die Prüfungsangst hat ihren Platz in diesem Bild. Sprachgeschichtlich besteht eine Verwandtschaft zwischen dem Begriff »Angst« und dem Wort »Enge«. Prüfungsangst entsteht durch die Verengung des Blickfeldes. Auf das Prüfungsdreieck übertragen bedeutet das: Prüfungsangst entwickelt sich immer dann, wenn ein Aspekt des Dreiecks (oder gleich mehrere) ausgeblendet wird. Weil der Kandidat den Kontakt zu sich selbst, zum Thema oder zum Prüfer verliert, erfolgt eine Störung der Kommunikation.

Coach yourself

? Was ist der Gewinn der anstehenden Prüfung? (Welche Vorteile versprechen Sie sich von einem erfolgreichen Prüfungsabschluss?)

? Mit wem kann ich über meine Prüfungssituation sprechen? (Notieren Sie zwei Namen.)

? Meine Prüfung ist wie ... (Finden Sie mindestens fünf passende Vergleiche.)

? Wie sieht mein aktuelles Prüfungsdreieck aus? (Zeichnen Sie es auf. Arbeiten Sie mit Farbstiften, Symbolen und Anmerkungen. Achten Sie auf die Abstände beim Verhältnis zwischen P, T und K.)

? Wandelt sich im Laufe der Zeit mein Bild von der Prüfung? (Halten Sie Veränderungen schriftlich fest, und beobachten Sie Ihre persönliche Weiterentwicklung.)

Der Prüfer

Lieber Draxx,

*ich rechne es deiner atemberaubenden Unerfahrenheit zu, dass
du mir einen solchen Vorschlag überhaupt unterbreiten konntest. Bei den drei Feuern! Natürlich reicht es nicht, wenn du dich
bei deinem Klienten einfach „nur aufs Thema Prüfungsangst"
beschränkst! Bis du dir seiner völlig sicher sein kannst, musst du
selbstverständlich noch auf anderen Feldern aktiv werden. Deinem Bericht zufolge läuft zwar alles nach Plan, aber du kannst
deinem Klienten niemals wirklich trauen. Du musst auf allen
Gebieten, mit denen dein Klient zu tun hat, die Herrschaft errin-
gen. Auch bei so vermeintlichen Randthemen wie „Einkaufen"
und „Aufräumen". Nicht selten haben sich diese vermeintlichen
Marginalien zu entscheidenden Schlachtfeldern entwickelt, auf
denen geschicktere Kämpfer als wir beide zuletzt die gesamte
Front aufzurollen vermochten.*

*Das entbindet dich natürlich nicht von der Pflicht, auch die
Hauptthemen gründlich zu bearbeiten, etwa die Frage nach
dem „Prüfer". Übrigens: Welche Vorstellung macht sich dein
Klient von ihm? Bringe in Erfahrung, ob er dem üblichen Bild
vom sadistischen Zahnarzt mit libidinöser Freude an Wurzel-
behandlungen aufsitzt oder eher einen „deus absconditus"
fürchtet, einen Prüfer also, der auch während der Prüfung innerlich völlig unbeteiligt über den Wolken schwebt und den Kontakt lediglich duldet. Beide Vorstellungen haben ihre Vorteile.
Sie unterstützen deinen Klienten in seinem Bemühen, das Vertrauen in die eigenen Fähigkeiten abzubauen. Deshalb ergeht
an dich die Order, jeden direkten Kontakt deines Klienten zum
Prüfer so lange wie möglich zu verhindern. Halte die Vorstellung von ihm fern, solche Besuche könnten ihm zu einer rea-
listischen Einschätzung seiner Lage verhelfen. Erinnere ihn
stattdessen lieber daran, dass Sprechstundenbesuche viel mit
Warterei zu tun haben und Zeit kosten, die er besser ins Lernen
investiert.*

*Gib ihm außerdem ein, dass das Verhalten des Prüfers und
der Gesamtverlauf der Prüfung feste Größen sind, die er selbst
nicht beeinflussen kann. Diese irrige Vorstellung hält zwei amü-*

sante Bonbons für uns bereit: Zum einen wird dein Klient, falls er durchfällt, immer jammern können: „Ich hab's schon immer gewusst. Ich bin einfach kein Prüfungstyp!" – als ob das Bestehen von Prüfungen abhängig wäre von Gegebenheiten wie etwa seiner Blutgruppe oder dem Sternbild der Kassiopeia. Zum anderen wird er vielleicht an den vermeintlich unveränderbaren „Grundbedingungen" verzweifeln (nämlich seiner Projektion einer Raubtiernatur des Prüfers), besonders dann, wenn ihm noch eine Nachprüfung ins Haus steht.

So gut wie sicher hast du ihn dann im Sack, wenn er die eigene Schuld am Versagen auf den Prüfer projiziert. Häufig ist das nämlich Ausdruck einer für uns ermutigenden Mischung aus Wut und Resignation – der vom Gipfel Fallende schleudert seinem Verdränger noch ein paar wüste, aber harmlose Flüche hinterher.

Noch eins: Bestärke deinen Klienten vor allem in dem Glauben, dass der Prüfer ein persönliches Interesse an ihm hat. Es ist immer gut, wenn eine persönliche, möglichst distanzlose Ebene mit ins Spiel kommt. Das befördert den inneren Druck und nährt den Narzissmus. Alles, was bei deinem Klienten ausgeglichen wirkt, ist äußerst ungesund und sollte deiner besonderen Fürsorge unterliegen.

Sollte dein Klient hingegen die Vorstellung pflegen, der Prüfer hätte überhaupt kein Interesse an ihm, dann ist sowieso alles einfach für dich. Dann musst du nur an seinem Lerneifer ansetzen und seine Aufmerksamkeit verstärkt auf die „schönen Seiten des Lebens" lenken. Lege ihm die aufgeschlagene Fernsehzeitung zu den Büchern oder erinnere ihn daran, dass ausführliche Gespräche mit Freunden im Café ein guter Lernausgleich sind. Dies wird er als „willkommene Ergänzung" zu seiner Arbeit verstehen – und sich später in der Prüfung über einen unerwartet „peniblen" Prüfer zu Tode ärgern. Dir wird schon etwas einfallen.

Übrigens: Beim Gespräch im Kollegium habe ich erfahren, dass der alte Toxx auf den Hauptfachprüfer deines Klienten angesetzt ist. *Nun, er ist ein wenig... alt. Erwarte dir von ihm also keine große Hilfe. Welchen Aufschluss geben eigentlich die Akten deines Klienten über seine früheren, womöglich autoritären Erfahrungen in Sachen Prüfer? Liegt hier vielleicht noch ein ungehobener Schatz?*

Dein Pythoxx

Coaching

Christian ist Lehramtsstudent für Haupt- und Realschule und bereitet sich auf sein erstes Staatsexamen vor. Unter den mündlichen Prüfungen ist ein Fach, das ihm besonders viel Bauchschmerzen bereitet: Pädagogische Psychologie.

Christian: In der letzten Woche habe ich das Material für die Prüfungen zusammengestellt. Na ja, besser gesagt, für die meisten, bis auf eine.

Coach: Um welches Fach handelt es sich?

Christian: Um Pädagogische Psychologie, mein Horror-fach.

Coach: Was ist gerade an diesem Fach so schrecklich?

Christian: Ich weiß immer noch nicht, welchen Prof ich da wählen soll. Zwei kommen in Frage, aber einer ist so schrecklich wie der andere.

Coach: Es liegt also nicht am Fach, sondern am Prof?

Christian: Ich habe den Eindruck, dass beide frustriert sind, weil sie keine Psychologen ausbilden, sondern nur Pädagogen, für die das Fach eines unter vielen ist. Die halten uns alle für unmotiviert und dumm. Deshalb setzen sie die Anforderungen so hoch, dass alle Angst vor ihnen haben.

Coach: Können Sie sich bei einem der beiden Professoren noch am ehesten vorstellen, ein Prüfungsgespräch zu führen?

Christian: Die eine ist eine Professorin, die kenne ich nur vom Sehen. Ich habe auch noch keine Veranstaltung bei ihr gemacht. Bei dem anderen höre ich jetzt schon zum zweiten Mal eine Vorlesung.

Coach: Hat er schon einmal etwas darüber gesagt, wie er prüft und was er erwartet?

Christian: Ja, das ist bekannt. Da gibt es eine Liste mit 65 psychologischen Begriffen, die man erklären muss, und dann will er noch drei Themen genannt bekommen, auf die man sich besonders vorbereitet hat.

Coach: Das klingt doch klar und überschaubar.

Christian: Das schon, aber Sie müssten ihn mal erleben. Der weiß halt total viel, da hat keiner eine Chance.

Coach: Was denken Sie denn, was der Professor in der Prüfung von Ihnen erwartet?

Christian: Na ja, dass ich halt alles aus dem Fach weiß.

Coach: Glauben Sie wirklich, er erwartet das noch? Sie sagten doch gerade, er sei darüber frustriert, dass Sie sich mit seinem Fach nicht so intensiv beschäftigen können wie ein Psychologiestudent.

Christian: Okay, aber dann erwartet er ja wohl zumindest, dass ich ein gutes psychologisches Grundwissen habe.

Coach: Das Ihnen als Pädagoge und Lehrer hilfreich ist!

Christian: Ja, vielleicht.

Coach: Ist das zuviel verlangt?

Christian: 65 Begriffe von »Adler« bis »Zeitempfinden«! Dafür brauche ich doch ewig.

Coach: Planen Sie, vor der Prüfung nochmal in die Sprechstunde des Profs zu gehen?

Christian: Ja, schon. Das muss ich ja, zur Absprache der Themen. Vielleicht frage ich ihn dann auch mal, wie er sich das vorstellt. Wie ich mit meinen vielen Prüfungsfächern noch so einen fetten Batzen lernen soll.

Time out: Der Prüfer

Rollenspiele in Alltag und Prüfung

Eine sehr vertraute Situation: Ich sitze in der U-Bahn und lese ein Buch. Plötzlich ruft jemand:»Die Fahrkarten bitte!« Mein Puls wird schneller, ich greife in die Tasche – heute morgen hatte ich sie doch eingesteckt, oder? Vor mir baut sich ein junger Mann auf und beobachtet jede meiner Bewegungen. Ich taste nach dem Portemonnaie, finde es nach einer Ewigkeit und reiße es auf: da ist sie. Erleichtert zeige ich dem etwas blassen Jüngling die Monatskarte, er bedankt sich, und ich widme mich wieder meinem Buch.

Die beschriebene Szene ist alltäglich – und doch hebt sie sich vom Alltag ab. Durch Rollenzuweisung entsteht in bestimmten Situationen eine gewisse Distanz zum Gegenüber. Ob Sie es mit einer Ärztin, einem Polizisten, einer Richterin oder eben mit dem Fahrkartenkontrolleur zu tun haben – alle genannten Personen haben eine Rolle im gesellschaftlichen Kontext eingenommen und treten mit uns über ritualisierte Formen der Begegnung in Kontakt. Wir akzeptieren diese Rollenzuweisungen als Normalität und stören uns für gewöhnlich nicht weiter daran. Auch eine Prüfung ist ein Ritual, in dem Prüfer und Prüfling ihre Rollen spielen. Im Gegensatz zu anderen Situationen erleben Studierende die Prüfung aber häufig als künstlich und befremdend. Der Prüfer geht auf Distanz, er erhält in diesem Ritual die Aufgabe (und zugleich die Macht), eine Leistung zu beurteilen. Im Kopf vieler Studierender entsteht dadurch das Bild des »objektiven Prüfers«, der rein sachlich urteilt und emotional unerreichbar ist. Sympathieaspekte werden als irrelevant (weil unsachlich) abgetan – leider. Denn die Wahrnehmung des Prüfers als Person, der emotionale Kontakt zu ihm, ist die Grundvoraussetzung für den Aufbau eines gelungenen Prüfungsgesprächs. Ob ein Prüfer als fern oder nah erlebt wird, ist deshalb für die Prüfung sehr wichtig.

Distanz – der Prüfer im Kopf

Auch wer mit dem Prüfer noch kein Wort gewechselt hat, macht sich im Vorfeld viele Gedanken über ihn. Personen aus der eigenen Vergangenheit – Vater, Mutter, Lehrer, Chefs – liefern das Material, aus dem das innere Bild des Professors geformt wird. Sich bewusst *kein* Bild vom Prüfer zu machen, gelingt in der Regel nicht. Spätestens in den Träumen kurz vor dem Termin nimmt der Prüfer konkrete Gestalt an. Und das ist in dieser Phase auch gut so. Schließlich handelt es sich ja um eine *Vorbereitung* auf das Prüfungsgespräch. Warum sollte sich nicht auch Ihr Unbewusstes mit der anstehenden Prüfung beschäftigen dürfen?! Der Dialog mit einem Fremden bedarf der vorsichtigen, herantastenden Kontaktaufnahme. Die anfängliche Fremdheit muss in eine gewisse Vertrautheit verwandelt werden. Wenn das bereits vor der Prüfung erfolgt ist, haben Sie in der konkreten Situation mehr Zeit für die Präsentation Ihres Themas.

Der ferne Prüfer

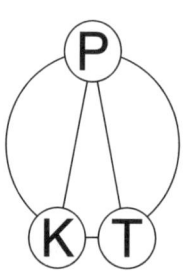

In diesem Prüfungsbild ist das Prüfungsdreieck deformiert. Der Prüfer hat – in der Wahrnehmung des Prüflings – die oberste Position eingenommen. Er ist weder direkt am Prüfungskandidaten noch am Thema interessiert, sondern bewertet innerlich unbeteiligt die Leistung des Kandidaten. *Gefahr:* Der Studierende überlässt dem Prüfer das Feld und wird passiv.

Überfüllte Hochschulen begünstigen ein Klima der Beziehungslosigkeit zwischen Ausbildern und Studierenden. Die Kontaktaufnahme zum Prüfer, also das Kennenlernen vor der Prüfung, wird darum zu einem wichtigen Aspekt des

Prüfungsprozesses. Es ist keine Zeitverschwendung, die Vorlesungen, Kolloquien und Seminare der Prüfer zu besuchen, sondern ein wichtiger Bestandteil der Vorbereitung. Wenn Sie mit dem Professor ein Vorgespräch vereinbaren oder sich ihm nur kurz vorstellen, werden Sie beide davon profitieren. Denn auch dem Professor ist es angenehmer, wenn er weiß, mit wem er es in der Prüfung zu tun haben wird.

Nähe – komplizierte Beziehungskisten

Wenn der Prüfer bereits bekannt ist, spielt die Vorgeschichte dieser Beziehung eine wichtige Rolle – in positiver wie negativer Hinsicht. Komplexe Beziehungsmuster formen sich zu Fantasien: Wie wird sich die Professorin wohl in der Prüfung verhalten? Viele Studierende sind bei dem Gedanken enttäuscht, dass der einst ferne, idealisierte Professor, mit dem sie im Laufe des Studiums vielleicht sogar per Du geworden sind, nun plötzlich wieder mit beängstigender Machtfülle ausgestattet ist. Viele stellen sich zu Recht die Frage:»Habe ich meine Fachkompetenz in den vielen gemeinsamen Projekten nicht schon längst unter Beweis gestellt? Kann der Prof meine fachliche Qualität nicht schon gut genug beurteilen?!« Die Situation ist in der Tat ziemlich schizophren.

Der vertraute Prüfer

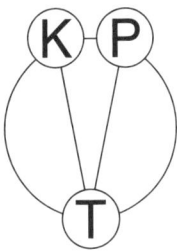

Das Prüfungsdreieck steht Kopf. Hier geht es mehr um die vertraute Beziehung zum Prüfer als um das Thema.
Gefahr: Eine echte Prüfungssituation ist nicht möglich. Der Kandidat kann seine fachliche Qualifikation nicht unter Beweis stellen.

Vielleicht ist es in einem solchen Fall sinnvoll, beim Professor um ein Vorgespräch zu bitten und diese Irritation zu thematisieren. So oder so: Es ist gut zu wissen, dass die Prüfung ein Ritual ist. Für eine klar definierte Zeit schlüpfen beide Seiten in typisierte Rollen. Als Prüfling präsentieren Sie Ihr Thema und bekommen von Ihrem Professor ein abschließendes Feedback zu Ihrer fachlichen Leistung. Das bestehende Vertrauensverhältnis muss deshalb durch die Prüfung nicht aufgegeben werden. Wer als »Hiwi« tagtäglich mit seinem Prof zusammenarbeitet, ist ganz besonders angewiesen auf eine qualifizierte Form der Beurteilung, denn im »Alltagsgeschäft« bleibt häufig keine Zeit für persönliche Rückmeldung.

Das Prüfungsritual ermöglicht sogar dann ein gelungenes Examen, wenn die Beziehung zum Professor negativ belastet ist. Durch die Rollenzuweisung entsteht eine neue Beziehungsform, in der sich die Beteiligten am Prüfungsgespräch weitgehend auf fachbezogene Sachthemen konzentrieren können. Optimaler ist es natürlich, wenn persönliche Konfliktthemen bereits im Vorfeld ausgeräumt werden konnten. Gegebenenfalls müsste gemeinsam mit dem Prüfer überlegt werden, ob ein unvoreingenommenes Prüfungsgespräch möglich ist.

Objektive Selbstwahrnehmung?

Viele Studierende bestehen darauf, dass es in der Prüfung nur um eine rein objektive Beurteilung der vorgebrachten Leistung gehen dürfe. Sympathie- oder Antipathieaspekte und vor allem das Thema Anerkennung spielten überhaupt keine Rolle. Dahinter steckt der Versuch, die Dynamik der Prüfung zu entschärfen. Es ist aber ein Trugschluss zu glauben, dass wir nicht auch von der Anerkennung anderer abhängig sind. Wer sich in Bezug auf die Qualität und den Erfolg seiner Arbeit sicher fühlt, freut sich über soziale Anerkennung und kann sie in vollen Zügen genießen. Wenn wir uns allerdings über den Wert unserer Arbeit unsicher sind und deshalb keine Anerkennung erwarten, flüchten wir uns leicht in die Fiktion einer »objektiven Beurteilungsinstanz«. Von ihr erhoffen (und befürchten!) wir einen Maßstab zur besseren Bewertung der eigenen Leistungsfähigkeit. Eine böse Falle! Indem ich nämlich als Prüfling meine eigene Leistung quasi »objektiv« beurteile, bin ich mein eigener Prüfer geworden. Für was brauche ich dann aber noch das Urteil des Professors?! Die Folge: Innerlich bricht der Kontakt zum Prüfer ab, der *äußere* Prüfer wird de facto entmachtet. Schön ausgedacht. Hat aber unangenehme Folgen: Ein allzu selbstkritisches und pessimistisches Auftreten in der Prüfung verrät, dass der schärfste aller Prüfer verinnerlicht wurde. Bei zu viel kritischer Selbstbeobachtung wird sich auch der wohlwollendste Professor überlegen, ob er dem Prüfling eine bessere Noten geben kann als dieser sich selbst. Sind Sie Ihrem inneren Scharfrichter schon mal begegnet?

Die Prüfung als Dienstleistung – für Sie!

Das Machtgefälle in der Prüfung und die Tatsache, dass der Prüfer die Leitungsaufgabe übernimmt, lösen beim Prüfling manchmal Ärger aus: »Da gehe ich erst gar nicht hin.« – »Wenn der mir so kommt, geh' ich raus ...« Hinter solchen Reaktionen steckt die heimliche Vorstellung, der Professor hätte ein eigenes Interesse an der Prüfung. Tatsächlich aber hat der Professor keinen persönlichen Gewinn. Im Gegenteil: Für ihn sind Prüfungen oftmals verlorene Zeit, ein lästiges aber notwendiges Übel. Hochschullehrer sind dazu verpflichtet, Prüfungen abzunehmen, in der Regel bekommen sie dafür keine zusätzliche Vergütung. Der einzige Nutznießer des Rituals sind Sie. Sie bekommen etwas vom Prüfer: seine Zeit, seine Aufmerksamkeit und sein Feedback, im günstigen Fall Anerkennung und eine Bewertung, die Sie für Ihren Studienabschluss benötigen. Die Prüfung ist eine Dienstleistung zu Ihren Gunsten.

Studierende haben das Recht, geprüft zu werden, und Professoren haben die Pflicht zu prüfen. Wo aber haben die Prüfer das Prüfen ihrerseits gelernt? Zugegeben, eine etwas ketzerische Frage. Und sie ist hierzulande auch lange tabu gewesen. Bis vor wenigen Jahren hat es in Deutschland so gut wie keine sozialwissenschaftliche Analyse des Prüferverhaltens gegeben. Mittlerweile hat sich das ein wenig geändert. Von Seiten der Hochschuldidaktik werden den deutschen Prüfungsverfahren allgemein ziemlich schlechte Noten ausgestellt (Webler 2002). Sie seien uneinheitlich und außerdem den Launen der Prüfer unterworfen. Den Prüfern mangele es an Professionalität, jeder würde seinen persönlichen Stil praktizieren und sich dabei nicht mal von Kollegen in die Karten schauen lassen. Deshalb, so die hochschuldidaktische Forderung, müssten die Prüfer dringend geschult werden.

Dieser zweifellos interessante Blick auf die Prüferkompetenz mag Ihnen vielleicht ein süffisantes Grinsen entlocken. Aber für Ihre eigene Prüfung wird Ihnen das nichts nutzen. Oder sagen wir *fast* nichts. Immerhin können Sie daran sehen, dass Ihnen nichts anders übrig bleibt, als sich gründlich mit den Anforderungen auseinander zu setzen, die Ihr Fachbereich und Ihr Prüfer an Sie stellen.

Gespräche unter zwei bis zwölf Augen

In der Regel sind Sie mit dem Prüfer oder der Prüferin nicht alleine. Es kann sein, dass Beisitzer am Gespräch beteiligt sind – manche protokollieren nur, andere haben sogar ein Mitspracherecht bei der Notenfindung. Ignorieren Sie sie also nicht bei der Begrüßung. Außerdem haben auch Beisitzer ein Thesenpapier verdient. Prüfungen, die mit mehreren Prüfern gleichzeitig abgehalten werden sowie Gruppenprüfungen mit mehreren Prüflingen fordern Ihre kommunikative Kompetenz noch stärker heraus. In jedem Fall ist es günstig, ständig im wechselseitigen Kontakt zu den Anwesenden und dem jeweiligen Thema zu bleiben und sich nicht zwischenzeitlich auszuklinken. Nur dann können Sie mit thematischen Querverbindungen die Gesprächsatmosphäre in der Prüfung lebendig halten und der Diskussion Esprit verleihen. Das entkrampft und zeigt den Prüfern Ihre Präsenz. Auch in schriftlichen Prüfungen spielt der Kontakt zum Prüfer eine Rolle. Schließlich handelt es sich hier ebenfalls um eine dialogische Kommunikation: Der Prüfer stellt Ihnen ein Thema, das Sie bearbeiten müssen. Er liest Ihre Beiträge und gibt Ihnen ein Feedback in Form einer Note. Stellen Sie sich vor, wie dankbar der Korrektor Bonuspunkte verteilt, wenn er eine gut gegliederte, überschaubare und lesenswerte Klausur vor sich hat!

Gnade mit dem Prüfer

Zu einer gelungenen Prüfungsvorbereitung gehört auch, sich frühzeitig auf den konkreten Prüfer einzustellen. Die Beziehung Prüfling/Prüfer wird greifbar und gewinnt im Modell des Prüfungsdreiecks an Klarheit. Die wiederum ist in der Prüfung die Voraussetzung für den gelungenen Austausch über das Thema. Mit folgender Grundannahme liegen Sie wohl grundsätzlich niemals verkehrt: Selbst der sarkastischste und gelangweilteste Professor wird versuchen, den Gesprächsprozess am Laufen zu halten, und er hat ganz sicher keine Lust, Sie noch einmal in der Prüfung zu sehen. Machen Sie es deshalb den Prüfern nicht so schwer, zu einer Beurteilung zu kommen. Zeigen Sie, was in Ihnen steckt.

Coach yourself

 Wo und wann bin ich dem Prüfer zum ersten Mal begegnet?
(Versuchen Sie, sich an Tag und Ort zu erinnern.)

 Erinnert mich der Prüfer an eine Person aus meiner Vergangenheit?
(Welche? Warum gerade an diese?)

 Was wird der Prüfer von mir erwarten?
(Bringen Sie in Erfahrung, wann bei ihm eine Leistung mit »Gut« bewertet wird.)

 Für welche Leistung würde ich mir selbst ein »Gut« geben?

 Auf welche Fragen oder Reaktionen muss ich mich bei diesem Prüfer besonders einstellen?
(Wie verhalten Sie sich, wenn er eine unerwartete Frage an Sie richtet?)

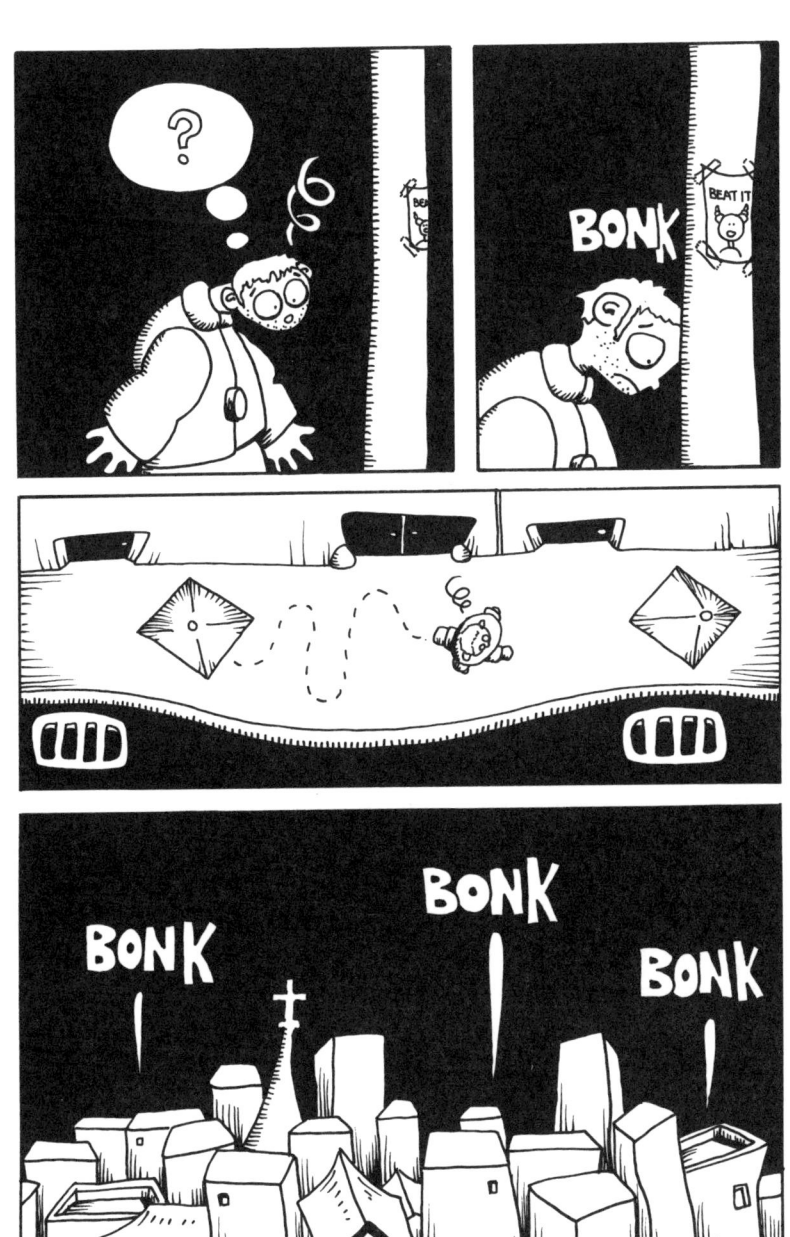

Der Prüfungskandidat

Lieber Draxx,

dein letzter Statusbericht ist schlampig. Er ist wie hingeschmiert, nur in einfacher und handschriftlicher Ausfertigung – und obendrein unvollständig, wie ich bei eigener Quellenprüfung erfahren habe. Ich will nicht nur wissen, welches Hauptfach dieser Felix studiert (immerhin, den Namen hast du heraus gebracht), ich will auch seine Nebenfächer haben und den aktuellen Studienstand dazu. Wenn wir uns das früher auf der Akademie geleistet hätten ... Nun werde ich mich künftig also doch intensiver um dich kümmern müssen.

Immerhin, ein paar Daten haben wir jetzt. Es geht darum, die Begleitung in einem möglichst frühen Stadium zu beginnen. Je genauer und lückenloser das Bild deines Klienten ist, desto effektiver kannst du ihn auch beraten. Was für Gewohnheiten hat er? Welches Verhältnis hat er zu seinen Prüfungsfächern? Welchen Umgang pflegt er? Wie sieht seine finanzielle Lage aus? Das sind alles Faktoren, die einen Einfluss auf seine Arbeit haben werden. Und auf deine. Je genauer du Bescheid weißt, desto gezielter kannst du agieren.

Im konkreten Fall rate ich dir, verstärkt an seinem Selbstbewusstsein zu arbeiten. Ich glaube, hier wird er stets offene Ohren für dich haben. Erzähl' ihm ein paar Wahrheiten über sich selbst. Mache ihn stets aufmerksam für die Diskrepanz zwischen seinem aktuellen Lernstatus und seinem Lernziel (dem „objektiven" Lernanspruch). Gibt es Möglichkeiten, seine eigenen Ansprüche noch weiter in die Höhe zu schrauben und sie vielleicht sogar „maßlos" werden zu lassen (dazu müsstest du allerdings sein eigenes Maß kennen)?

Halte dir immer das Ziel des idealen Prüflings vor Augen: Er leidet permanent unter den eigenen Angstbildern. Die hohe Beratungskunst besteht darin, einerseits diese konkreten Bilder seinem Bewusstsein vorzuenthalten, andererseits aber ihren Angstgehalt mit voller Last auf seine Psyche zu legen. Wenn alles glatt läuft, wirst du ihn schließlich so weit haben, dass er nicht mehr zu einer „normalen" Prüfung geht. Er wird das unreflektierte Gefühl entwickeln, zu seiner eigenen Gerichtsverhandlung vorge-

laden zu sein. Die Prüfung gerät ihm zum Showdown, und am Ende wird ein unhinterfragbares Urteil über seine ganze Person stehen. Der Weg dort hin bedarf allerdings einiger Vorbereitungen. Am meisten erreichst du über Idealisierungen: Die Lücke zwischen seinem im Vorfeld bereits geschwächten Selbstbild und dem übermächtigen Professor muss noch weiter wachsen. Das erhöht seinen inneren Druck und damit die Chance, dass er durch die Gegend rotiert wie ein Huhn ohne Kopf. Aktiv um des Aktivseins willen – das wird ihm gut tun. Nichts ist im Ergebnis fruchtloser und zugleich frustrierender. Das sollte auch ausreichen, ihn dauerhaft für unsere Ziele zu öffnen, denn es hilft ihm dabei, die lästigen Lerninhalte auf Distanz zu halten. Wenn der innere Druck, den er daraus zieht, so groß wird, dass er letztlich kein Gespür mehr für die „richtigen Verhältnisse" hat, wird er seinen emotionalen Druck für die „objektiven Ansprüche" halten und dankbar auf deine weiteren Instruktionen warten. Vielleicht kann er sogar in den „völlig überzogenen Ansprüchen" des Professors einen Schuldigen für seine Misere sehen? Bringe bitte noch in Erfahrung, von welchen Personen in seinem Familien- und Freundeskreis er sich in nächster Zeit am besten fern hält. Ein wenig Isolation wird seinen Gesundungsprozess unterstützen. Vielleicht wird er schon in Kürze seinen Angehörigen viel mehr Zeit widmen können – wenn er plötzlich wieder ihrer Tröstungen bedarf...

Eine Warnung noch: Angst birgt ein ambivalentes Potenzial. Sie kann, wenn du sie weise und dosiert einzusetzen verstehst, zu einer totalen Blockade seiner Arbeitsleistung führen – sie kann ihn aber auch zu wirklicher Arbeit antreiben. Gib also nicht permanent Gas! Du musst subtiler vorgehen. Halte ihm beim Lernen gegebenenfalls das Bild des Prüfers vor Augen. Enthält es autoritäre Züge, die du hervorheben kannst? Gibt es Äußerungen aus der letzten Sprechstunde, die ihn erschreckt haben? Versuche, aus einer Sprechstunde, die dein Klient als „missraten" empfunden hat, Signale zu gewinnen, die er als grundsätzliche Zeichen für eine zunehmende Antipathie deuten kann. Er muss ja nicht wissen, dass der Professor in Wahrheit nur deshalb wenig Zeit hatte, weil er dringend Klausuren korrigieren musste und außerdem unter starken Zahnschmerzen litt. Das macht ihn immer stärker von den Launen seiner Prüfer abhängig und sorgt für heitere Ergebnisse. Merke dir: das vorrangige Ziel unserer Arbeit mit der Angst ist es, sein Selbstvertrauen zu untergraben. Ist das erst geschafft, gelingt es uns leicht, einen Keil zwischen ihn und den für uns so wertvollen Schätzen des Wissens zu treiben. Pflanze ihm ein Denken ein, das die eigene Entwicklungsfähigkeit in den Hintergrund rücken lässt. Denn wenn er seinen bisherigen Werdegang im Blick hätte, würde er womöglich auch auf bisher erreichte Erfolge aufmerksam und gnädiger mit sich selbst umgehen. Ich denke, diese allgemeinen Ratschläge dürften genügen, damit du ihn auf die richtige Spur zu setzen vermagst.

Dein Pythoxx

Coaching

Aysel wird in drei Wochen das Physikum machen. Noch vor dem umfangreichen Multiple-Choice-Test beschäftigt sie sich mit der mündlichen Prüfung. Der Grund: eine traumatische Prüfungserfahrung im dritten Semester, mit der sich ihr Medizinstudium um zwei Jahre verlängerte.

Coach: Wie läuft die Vorbereitung auf das Physikum?

Aysel: Ich hinke drei Tage im Plan zurück und heute habe ich wahnsinnige Kopfschmerzen.

Coach: Seit wann haben Sie diese Schmerzen?

Aysel: Erst seit heute morgen, seit dem Aufstehen. Trotzdem bin ich relativ ruhig. Ich kenne solche Schmerzen, die dauern nicht länger als einen Tag. Und auf die drei Tage Rückstand kommt es nun auch nicht mehr an. Entweder ich weiß genug oder nicht.

Coach: Aber es beschäftigt Sie etwas.

Aysel: Habe ich Ihnen schon mal von meiner Horror-Anatomieprüfung im dritten Semester erzählt?

Coach: Ich erinnere mich jetzt nicht.

Aysel: Damals – ich war erst seit vier Jahren in Deutschland – bin ich vor einer mündlichen Prüfung im Präp-Kurs krank geworden. Ich rief den Professor an, der mich beruhigte, ich solle zu Hause bleiben und die Nachprüfung bei seinem Assistenten machen. Vor der Nachprüfung ging ich zum Assistenten, um mich vorzustellen und fragte ihn, was und wie er prüfen wird. Zwei Themengebiete, darunter das Lymphsystem, schloss er aus, da würde er sich nicht auskennen, In diesem Bereich würde er nur Fragen stellen, wenn er jemanden durchfallen lassen wollte. Die Prüfung beginnt also, und bald darauf fragt er nach einer Arterie, die ich falsch ausspreche: Statt lienalis nenne ich sie linealis. Er fragt noch so dumm: »Was für eine Linie?« Dann sollte ich Niere und Leber an die Tafel zeichnen. Ich überlegte und wollte anfangen, das dauerte ihm aber zu lange, er malte sie selbst an und forderte mich auf, die Blutversorgung einzuzeichnen. Das ging aber nicht, weil er viel zu hoch gezeichnet hatte, ich kam mit meinen einsvierundfünfzig nicht dran. 40 Minuten dauerte die Prüfung, sonst sind die Opfer schon nach 15 Minuten wieder draußen. Ganz am Ende dann die letzte Frage: zum Lymphsystem. Ich war so baff, konnte einfach nichts mehr sagen. Dann hob er die Hand mit zwei gestreckten Fingern, zielte so auf mich und sagte: »Peng! Durchgefallen«. In der Tür drehte ich mich nochmal um und fragte: »Warum wollten Sie mich durchfallen lassen? Sie sagten, die Lymphe fragen Sie nur, wenn Sie jemanden durchfallen lassen wollen«.

Coach: Haben Sie eine Antwort bekommen?

Aysel: Nein, ich bin einfach gegangen. Ich habe mich so schlecht gefühlt, so klein, so gedemütigt. Ich war damals nicht gut. Sprachlich war ich sehr unsicher, im Kurs hatte ich mich sehr zurückgehalten, und ich hatte wirklich nicht viel gewusst.

Coach: Aber Sie haben den Schein schließlich doch bekommen.

Aysel: Ja, nach einem Jahr habe ich den Kurs wiederholt, bei einem anderen Professor, und das hat ganz fantastisch geklappt. Der war fachlich gut und locker. Am Ende der Prüfung fühlte man sich wie beschenkt. Ich war so stolz auf den Schein.

Coach: Aber gerade jetzt, vor Ihrem Physikum, erinnern Sie sich wieder an die Horror-Anatomieprüfung ...

Aysel: Ich habe Angst, dass ich wieder versage. Obwohl, das sind ja heute ganz andere Bedingungen. Es ist keine

Nachprüfung, ich werde andere Prüfer haben, ich kann besser Deutsch und habe viel mehr gelernt.

Coach: Vielleicht befürchten Sie, dass Sie nochmals so gedemütigt werden.

Aysel: Das kann doch immer passieren. Ich bin als Prüfling total machtlos, das ist doch kein Gespräch auf gleicher Augenhöhe.

Coach: Selbst damals waren Sie nicht ganz machtlos. Sie haben sich gewehrt. Ich finde, Sie waren sehr stark, als Sie den Prüfer mit seinen eigenen Worten konfrontierten. Diese Stärke und die Tatsache, dass Sie seitdem im Studium gewachsen sind, kann Sie in der Prüfung erfolgreich machen.

Time out: Der Kandidat

You are the star

In der Prüfung dreht sich alles um den Prüfungskandidaten. Das klingt trivial. Warum aber haben Studierende oft gar nicht das Gefühl, selbst ein notwendiger Teil ihrer eigenen Prüfung zu sein? Lange bevor sich der Vorhang öffnet und sie ihr Gastspiel auf der Prüfungsbühne geben, steht für viele die Rollenverteilung schon fest: Der »mächtige Prüfer« und der »undurchdringbare Prüfungsstoff« erhalten die Hauptrollen. Sie selbst nehmen nur eine blasse Nebenrolle ein. Das Prüfungsdrama kann beginnen! Und immer wieder lassen sich Professoren auf dieses Spiel auch noch ein. Wenn das Stück all zu schleppend voran geht, ergreifen sie schließlich selbst die Initiative, die der Prüfling ablehnt. Sie lassen sich tatsächlich dazu verführen, den Verfolger zu mimen: Das Verhör beginnt und aus dem Prüfling in der Nebenrolle wird das gehetzte, leidende Opfer. Ganz schön mächtig, so ein Prüfling, dass er den Professor zu so etwas bringen kann! Deshalb gilt: Wer sich für den passiven Part in seiner eigenen Prüfung entscheidet, beeinflusst das Prüfungsgeschehen – zum eigenen Nachteil.

Wie Sie sich verdünnisieren und wieder sichtbar machen

Professoren eignen sich hervorragend für Idealisierungen und Projektionen. Sie sind superklug, brillante Forscher, allwissende Gelehrte. Wer könnte ihnen das Wasser reichen? Indem der Prüfling den Prüfer maßlos überhöht, treibt er seine eigene Entmachtung voran – und richtet sich selbst. Denn was soll ein Prüfer noch machen, wenn ihm deutlich signalisiert wird, dass der Prüfling sich fast aufgelöst hat, und die Prüfung sowieso daneben geht?

Der Kandidat verschwindet

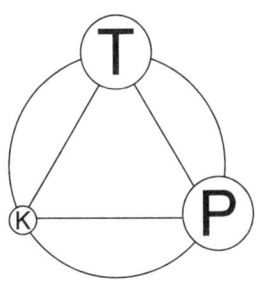

Wenn der Kandidat den Kontakt zu sich selbst verliert, nimmt der »Prüfer im Kopf« immer mehr Raum ein. Das Prüfungsdreieck bekommt Schlagseite. *Gefahr:* Zwischen dem »übermächtigen« Prüfer und dem »geschrumpften« Kandidaten gelingt kaum noch ein themenorientierter Austausch auf Augenhöhe.

Am Modell des Prüfungsdreiecks kann man sich immer wieder verdeutlichen, welche Beziehungspole gerade einer Korrektur bedürfen. Die Prüfungssituation zu antizipieren, das heißt, sie anzunehmen und in der eigenen Fantasie probehalber durchzuspielen, ist für das Selbstvertrauen unschätzbar wichtig. Dieses Training erst macht es möglich, in der Prüfung den Dialog mit dem Prüfer zu wagen, ihm gute Argumente für eine Benotung zu liefern und den Kontakt zum Thema zu halten. Mit anderen Worten: Begreifen Sie die Situation als eine Chance. Nicht selten verwandeln sich auf diese Weise arme Würstchen in erfolgreiche Prüfungs-Cracks.

Wer und was wird geprüft?

Zum Glück muss der Prüfling nicht mehr an der Entwicklung seines Status basteln. Der ergibt sich meist von selbst aus seiner jeweiligen Studienphase. Ist er im ersten Semester oder im Hauptstudium? Oder ist er ein Kandidat, der bereits im Examen steht? Diese Fragen beeinflussen den Charakter der Prüfung. Im Grundstudium wird es in einer Prüfung eher darum gehen, ob die Grundlagen des Faches verstanden und gelernt worden sind. Die Studentin, die nach erfolgreicher Erstellung einer Diplomarbeit in ihre letzte mündliche Abschlussprüfung über ein selbstgewähltes Thema geht, muss sich auf etwas ganz anderes gefasst machen. Die Professorin wird sie als Fachfrau sehen, die ihr ein Thema präsentiert, das vielleicht für sie sogar neu ist. Womöglich erwartet sie ein gutes Prüfungsergebnis als Bestätigung ihres pädagogischen Wirkens in der Entwicklung der Diplomandin? Nicht selten ist in solchen Prüfungsfachgesprächen der Grundstein für eine weitere Zusammenarbeit oder für eine Promotion gelegt worden.

Was wird von mir in der Prüfung erwartet? Wie soll ich mich verhalten? Wer Musterantworten auf diese Fragen sucht, wird sich wohl auf das zweifelhafte Gebiet der Wahrsagerei begeben müssen. *Den* richtigen Umgang mit den Variablen Prüfer, Thema und Umfeld gibt es nicht. Das Prüfungsdreieck empfiehlt deshalb, dass Sie Ihr Prüfungsverhalten individuell auf den Kontakt zum Prüfer und zum Prüfungsstoff abstimmen. Den jeweiligen Charakter einer Prüfung zu erfassen und sich angemessen zu verhalten ist das Ziel dieses Modells.

Zentral für den Charakter einer Prüfung ist der *Modus*, in dem sie abgehalten wird. Dieser hängt von der jeweiligen Fachtradition ab und prägt sowohl das Lern- als auch das Prüfungsverhalten des Kandidaten. Ein Medizinstudent, den die Multiple-Choice-Klausuren des zweiten Staatsexamens erwarten, muss fachspezifisch viel Stoff lernen und fühlt sich deshalb zu Recht als wandelndes medizinisches Lexikon oder – noch treffender – als Kopie der »Schwarzen Reihe«. Wenn er jedoch in die anschließende mündliche Prüfung geht, reicht das Faktenwissen wahrscheinlich nicht mehr aus. Je nachdem, welche Prüferin er dort antrifft, sind ja vielleicht auch seine Fähigkeiten im Umgang mit Patienten gefragt. Aufschluss darüber, ob in der Prüfung mehr der Theoretiker oder der Praktiker, das Gedächtnis oder die hermeneutischen Fähigkeiten gefragt sind, können Vorgespräche mit den Prüfern geben.

Chancengleichheit?

Haben Frauen bessere Chancen bei männlichen Prüfern? Haben Männer stärkere Nerven und sind deshalb in Prüfungen belastbarer? Spielt das Geschlecht des Prüflings überhaupt eine Rolle? Auf diese Fragen gibt es keine eindeutigen Antworten, die sich für taktische Prüfungsstrategien verwenden lassen. Sicher ist nur: Jeder Pol des Prüfungsdreiecks hat eine geschlechtsspezifische Dimension: Wird ein Mann oder eine Frau geprüft – von einer Frau oder einem Mann? Verändern sich Themen unter einem spezifisch weiblichen oder männlichen Blick? Haben Frauen es durch ihre Sozialisation leichter, sich im Beziehungskontext des Prüfungsdreiecks zu bewegen? Prüfen Männer härter als Frauen? Das Geschlechter-thema macht auch vor der Prüfung nicht halt.

Von allzu bedenkenlosem Einsatz geschlechtsspezifischer Reize wollen wir aber dringend abraten. Eine erotisierte Stimmung in der Prüfung kann das Prüfungsdreieck aus dem Gleichgewicht bringen, vom Thema und vom Kontext ablenken und das Geschehen empfindlich stören.

Zuweilen berichten Studierende, dass Prüfer während der Prüfung die persönliche Grenze zu ihnen überschritten hätten. Ihre fachliche Autorität, die sie zur Bewertung der Leistungen autorisiert, missbrauchen sie dazu, ihre eigene Machtpotenz vor dem »hilflosen Opfer« zu demonstrieren. Besonders bei Frauen wird auf diese Weise das demütigende Gefühl erzeugt, dem männlichen Prüfer wehrlos ausgeliefert zu sein und zum Objekt degradiert zu werden. In diesem Fall ist selbstverständlich eine deutliche Abgrenzung geboten: Betonen Sie, dass es um Ihre Prüfung, Ihr Thema und um Ihre fachliche Leistung geht. Nötigenfalls haben Sie immer die Möglichkeit, eine Prüfung anzufechten. Den Opferstatus muss sich niemand aufzwingen lassen.

Wie findet man aber seinen richtigen Auftritt in der Prüfung? Vielleicht hilft ja die Garderobe. Besser, Sie werfen schon ein paar Tage vor der Prüfung mal einen Blick in Ihren

Kleiderschrank. Wählen Sie angemessene Kleidung, die Ihr Gesicht, Ihre Gestik betont. Kleidung, die nicht ablenkt, sondern Ihre Persönlichkeit unterstützt, die dem Prüfer zeigt, dass Sie das Gespräch mit ihm für wichtig erachten.

»Ja« und »Nein« als ständige Begleiter

Gibt es so etwas wie eine persönliche Motivation für die Prüfung? Dass man die Prüfung nicht als notwendiges Übel sieht, sondern sie selbst sogar *will*? Wäre das nicht sehr vorteilhaft für die Vorbereitung und das Verhalten in der Prüfung? Es gibt sie, diese Prüfungsmotivation, und sie taucht auch hin und wieder auf. Sie ist vergleichbar mit der Spannung, die ein Bergsteiger unmittelbar vor dem Aufstieg zur Spitze empfindet, mit dem Kampfgeist des Schwimmers, der nach monatelangem Training dem Wettkampf entgegenfiebert. Leistungsmotivation wird in den Augenblicken sichtbar, in denen man bereit ist, »alles« zu geben. Sie ist ein Cocktail aus Anspannung, Ungeduld, Siegesgewissheit und Lampenfieber. Sie entsteht aus dem Bedürfnis, sich erfolgreich auszuzeichnen, die eigenen Talente unter Beweis zu stellen und der Bereitschaft, eine Bewährungssituation zu nutzen.

Verstärkt wird die Motivation, wenn Sie sich ohne allzu große Bescheidenheit erlauben, die Erfolgsaussichten in Gedanken auszumalen oder die Berufschancen durchzuspielen, die Ihnen winken, wenn Sie das Ziel erreicht haben. Allerdings taucht die eigene Prüfungsmotivation so gut wie nie ohne ihren großen Gegenspieler auf: die Versagensangst. Denn die Möglichkeit des Scheiterns, die Vorstellung, nicht zu genügen, drängt dazu, die Prüfung zu vermeiden. Dieser *Leistungskonflikt* (Scheer/Zenz 1973, S. 21) begleitet den Prüfungsprozess leider bis zum Schluss und äußert sich in einem oft täglichen Wechselbad der Gefühle. Mal entfaltet sich der Elan, die Prüfung erfolgreich zu meistern, anderntags wächst die Aussicht zu scheitern ins Unermessliche, so dass man die

Prüfung am liebsten gleich ganz absagen möchte. Wer seine Stimmungswechsel zu akzeptieren lernt, entwickelt mehr Gelassenheit – und das kann bereits in der Prüfungsvorbereitung ein entscheidender Vorteil sein.

Hochspannungs-Must!

Die innere Unruhe des Leistungskonfliktes versetzt den Prüfungskandidaten in Hochspannung. Ein Prüfungskandidat ohne Anspannung wäre ungefähr so faszinierend wie ein Violinvirtuose ohne Lampenfieber vor dem D-Dur-Konzert von Beethoven. Stressreaktionen in existenziellen Situationen sind physiologisch sinnvoll, weil sie Energiereserven mobilisieren. Der Erregung mit suggestiven Entspannungstechniken zu begegnen, die in einen relaxten, distanzierten Zustand führen, ist deshalb geradezu kontraproduktiv, weil sie ein anregendes Prüfungsgespräch verhindern. Eine gute Spannung, sowohl körperlich als auch geistig, ermöglicht dem Prüfling ein flexibles und waches Auftreten trotz erhöhter Herzfrequenz und Gesichtsrötung. Die persönliche Präsenz – die in der mündlichen Prüfung immer in die Bewertung einfließt! – wird durch eine der Situation angemessene Aufregung nicht verhindert. Im Gegenteil: Es ist die antrainierte Gleichgültigkeit, die ein authentisches Verhalten boykottiert.

Cool oder menschlich?

Isabel wird an der Tür von der Prüferin mit Händedruck begrüßt. Die Professorin fragt: »Wie geht es Ihnen?« Jetzt hat Isabel prinzipiell zwei Möglichkeiten. Sagt sie einfach »gut«, dann schlägt sie das Kontaktangebot der Professorin aus. Sie muss dann auf eine neue Möglichkeit hoffen, das Prüfungsgespräch in Gang zu bringen und darauf vertrauen, dass ihr die Professorin, die ihr zu Beginn die kühle

und etwas feuchte Hand gedrückt hat, die kleine Einstiegs-
lüge nicht übel nimmt. Isabel könnte aber auch ganz anders
antworten:»Ich bin ganz schön aufgeregt. Ich hoffe, das
ändert sich gleich, wenn's los geht.« Oft ist ein solches
Bekenntnis schon der ideale Gesprächseinstieg. Cool oder
menschlich? Es geht letztlich um den Start des Gesprächs
im Sinne des Prüfungsdreiecks, also um den störungsfreien
Beginn der Prüfung.

Coach yourself

? Welche drei Adjektive beschreiben mich als Prüfungstyp am besten?
(Und welche würden Sie sich wünschen?)

? Wann hatte ich das letzte Mal Lampenfieber?
(Wie haben Sie die damalige Situation gemeistert?)

? Was ist das Schlimmste, das mir in einer Stresssituation passieren könnte?
(Kann Ihnen das auch in der Prüfung passieren?)

? Was ist mir meine Freizeit wert?
(Welche Freizeitaktivitäten werden Sie auch in der Prüfungszeit nicht aufgeben?)

? Gibt es etwas, das mich an der Prüfung sogar reizt?
(Jetzt mal ganz ehrlich, und nur unter uns!)

Der Prüfungsstoff

Lieber Draxx,

demnächst bitte nur eine kurze Auflistung der Fakten, etwa so: „Felix, 25 Jahre; ledig; L3-Studium, zwei Hauptfächer: Geschichte und Biologie; vor drei Monaten ins Wohnheim gezogen; jobbt zeitweise am Flughafen als Packer; Beratungstätigkeit vor vier Wochen aufgenommen". Ich verstehe nicht, wie du für diese einfachen Dinge zwei Seiten verschwenden musstest.

Offen gesagt, das fügt sich in das Bild, das ich bisher von deiner Arbeit gewonnen habe. Im aktuellen Fall zum Beispiel stört mich die lässige Art, mit der du das Thema „Prüfungsstoff" abtust. Siehst du nicht, was für riesige Chancen sich hier auftun?! Aber ich fürchte, deine Blindheit hat ihre Ursachen dort, wo sie generell bei Nachwuchsberatern zu finden ist: in der eigenen Biografie. Wie die meisten anderen hast vermutlich auch du nur geringen Kontakt zu den Inhalten deiner Aufgabe. Wie solltest du auch den blinden Fleck im Auge deines Klienten erkennen können, wenn es sich dabei um deinen eigenen handelt?! Keine Entschuldigungen! Alle Chancen, die sich euch jungen Beratern bieten, müsst ihr konsequent nutzen und dazu hart an euch arbeiten! Seit Jahren schon liege ich dem Akademiedirektor in den Ohren, Sentimentalitäten in der Nachwuchsarbeit endlich ausmerzen. Leider scheint er eine gewisse Sympathie für „die Jugend", zu haben. Ich an seiner Stelle würde natürlich ein anderes Regiment führen.

Du wirst mir also die Wissensschätze, die zu hüten unsere vorrangige Aufgabe ist, mit besonderer Aufmerksamkeit verwalten. Ein besonderes Auge wirst du darauf haben, was und vor allem wie dieser Felix lernt. Mich beruhigt nur, dass er dem Prüfungsstoff fast genauso wenig Wertschätzung entgegenbringt wie du. Manchmal frage ich mich, wo das Funkeln in den Augen geblieben ist, wenn wir ein Buch aufschlagen. Wo ist die Freude, wenn unsere Tatzen Zeile für Zeile über das Papier gleiten? Wo der Geschmack am Gewinn eines gelehrten Gesprächs unter informierten Geistern? Die Weisheit – immer wenn ich ihr begegne, weiß ich wieder, wofür sich unsere ganze Mühe lohnt. Aber ich schweife ab.

*Spricht dieser Felix eigentlich immer noch vom „Lernstoff"
oder „Prüfungsstoff"? Solange er bei formelhaften Begriffen
bleibt, ist es gut. Das zeigt uns, dass sein Lernen bisher bloß an
der Dauer und Dringlichkeit der Examenssituation orientiert ist.
Die Haltung, einen Lerninhalt als grundsätzlichen Wert zu
begreifen, der persönlich durchdacht und dadurch angeeignet
werden will, scheint ihm eher so eine Art altmodischer und zeit-
raubender „Luxus" zu sein. Ich tippe darauf, dass die Vokabel
„zweckorientiertes Lernen" bei ihm weitaus besser ankommen
wird. Und erinnere ihn auch an sein „Kurzzeitgedächtnis". Das
sollte helfen, seinen Kontakt zu den Inhalten auf bloßes „Lernen"
zu reduzieren, sofern dieser sich nicht ganz vermeiden lässt.*

*Beim Lernen spielt übrigens auch wieder das Bild des Prüfers
eine Rolle. Rechnet dein Felix mit einem autoritären Prüfer, dann
gib ihm ein, dass er sich vor allem das antrainieren muss, was er
„Faktenwissen" nennt. Es steht natürlich außer Frage, dass es
keinen rationalen Zusammenhang zwischen beidem gibt, sehr
wohl aber einen emotionalen. Wenn dein Klient in dieser Weise
funktioniert, wird es dir ein Leichtes sein, seine Art des Lernens
immer vom jeweiligen Prüfer abhängig zu machen und seiner
dumpfen Hörigkeit eine rational klingende Begründung an die
Seite zu stellen. (Einer meiner Klienten, die mich auch heute noch
mit Stolz erfüllen, sagte mal auf Nachfrage zu seiner arg vernachlässigten Freundin am Telefon: „Ich muss das alles wissen, mein
Prüfer tickt so.") Es geht wieder darum, ihn von seinen Emotionen abhängig zu machen.*

*Eine weitere Sache sollte dir übrigens klar sein: Wenn dein Kli-
ent schon nach Wissen verlangt, so sollte ihm wenigstens das
„Streben nach Weisheit" ein Tabu bleiben. Sie muss auch weiterhin ausschließlich in unserem Besitz bleiben. Lass ihn meinetwe-
gen „Fakten" sammeln, so viel er mag. Hauptsache, er belässt es
beim unsortierten Stückwerk. Richte sein Augenmerk auf die noch
zu bewältigende Menge des Lernstoffs. „Weisheit" dagegen muss
ihm ein romantizistisches Fremdwort bleiben, das geradezu
lächerlich „reaktionär" wirkt und sich damit erübrigt. Halte ihn
unter allen Umständen vom Gedanken fern, dass der Inhalt dessen, was der Begriff meint, trotzdem aktuell sein könnte. Gefähr-*

lich wird dir nämlich nicht der Trottel, der seine Zettelnotizen eins zu eins ins Gedächtnis überträgt. Echte Gefahr droht dir nur von dem, der sein Wissen dadurch gewinnt, dass er es durch den Filter seines Bewusstseins laufen lässt. Der auf Erfahrung setzt und einzuordnen versteht. Dieser lästigen Form der Aufmerksamkeit sollte deine besondere Fürsorge gelten, wenn du nicht willst, dass er dir in naher Zukunft dein eigenes Terrain streitig macht. Ich rede vom Wissen, vom wirklichen Wissen. Pure „Fakten" bedeuten nichts, wie du selbst schmerzhaft festgestellt haben wirst. Es geht immer wieder um die Verknüpfung von Information, um ein Aneignen des Stoffes, um das durchdachte Einverleiben. Virtuosität ist eine Kunst, die pure Technik bei weitem übersteigt. Worin liegt ihr Geheimnis? Ganz einfach: Das Instrument ist der Künstler selbst. Ob du das wohl begriffen hast?

Dein Pythoxx

Coaching

Kai studiert im neunten Semester Germanistik. Er schließt sein Nebenfach Geschichte mit einer mündlichen Prüfung ab und kommt freudestrahlend in das Coaching.

Coach: Sie strahlen? Darf ich Ihnen gratulieren?

Kai: Ja. Es war total easy. Der hat gar nicht viel gefragt. Wir haben uns ganz locker unterhalten. Ich frag mich jetzt, ob ich die Eins überhaupt verdient habe. Warum habe ich mir vorher nur so einen Stress gemacht? Am Ende wollte er sogar meine Meinung über die Osterweiterung der EU wissen.

Coach: Wie war denn der Beginn der Prüfung?

Kai: Er hat mich freundlich mit Handschlag begrüßt. Ich setze mich, nicke der Beisitzerin zu, die etwas abseits saß. Dann schaut er auf die Akte und sagt: »Sie haben das Thema ›Die Teilung des römischen Reiches und die Folgen‹, fangen Sie mal an.« Zuerst war ich baff, hab' mich gewundert, wie schnell alles ging, dann aber hatte ich mein Thema klar vor Augen. Ich fing mit der zeitlichen Gliederung an, die ich Ihnen auch schon mal gezeigt habe. Der Wiedemann hat ganz interessiert zugehört. Und er hat mich nicht unterbrochen. Das lag wohl auch daran, dass ich mich kurz gefasst habe.

Coach: Hat es Ihnen denn selbst gefallen, was Sie da präsentiert haben?

Kai: Ja, schon, aber ich habe immer gedacht, der Prof muss kritisieren, mich in Frage stellen, nach den Lücken suchen. Anschließend habe ich die verschiedenen Theorien ins Spiel gebracht. Spätestens da habe ich damit gerechnet, dass er nachbohrt: »Wo steht das denn? Wer hat was warum geschrieben?«Stattdessen fragt er mich nach meiner persönlichen Einschätzung. Ich war perplex.

Coach: Warum?

Kai: Ich hatte nie daran gedacht, dass sich der Prüfer dafür interessiert, welche Theorie ein Student für die plausibelste hält. Also habe ich tief Luft geholt und mich für eine Theorie entschieden.

Coach: Und? Haben Sie diese begründen können?

Kai: Dabei hat er mir geholfen.

Coach: Wie, in welcher Form?

Kai: Er hat mit mir diskutiert. Er hat seine Einwände eingebracht, und ich bin zu Höchstform aufgelaufen. Ich glaube, es hat ihm gefallen, dass ich gekämpft habe, und so kam eins zum anderen, bis die Sache klar war.

Coach: Und wie kam es dann zur EU-Osterweiterung?

Kai: Am Ende fragt er mich ganz plötzlich noch, ob ich da einen Zusammenhang sehe.

Coach: Zwischen der Teilung des römischen Reiches und der Osterweiterung?

Kai: Genau. Und da ist mir auf einmal klar geworden, dass erst jetzt die historische Möglichkeit entstanden ist, die Teilung von damals, die längs durch Europa ging, politisch zu überwinden. In diesem Gespräch habe ich sogar noch etwas gelernt.

Coach: Und Sie sind der Meinung, dass das keine sehr gute Prüfung war?

Kai: Doch, doch, das war eine gute Prüfung.

Coach: Aber Sie sagten doch, dass Sie nicht davon überzeugt sind, dass Sie die Eins verdient haben.

Kai: Ja, vielleicht deshalb, weil ich mir eine Examensprüfung immer ganz anders vorgestellt habe.

Coach: Hat das, was Sie in dieser Prüfung erlebt haben, Auswirkungen auf Ihre weitere Prüfungsvorbereitung?

Kai: Ganz sicher. Ich werde jedes Thema zu meinem Thema machen. Alles genau abklopfen, ob ich die Inhalte und Bezüge darstellen und begründen kann. Ich werde Thesen und Behauptungen sammeln und mich auch auf ein Streitgespräch einstellen.

Time out: Der Prüfungsstoff

Das dritte Element: ein gemeinsames Thema

Das war endlich mal ein gelungener Abend, gestern. Er wäre wohl genauso öde geworden wie die vielen anderen Feten in letzter Zeit – wenn Daniel uns nicht plötzlich mit leuchtenden Augen und voller Begeisterung seine neueste Entdeckung präsentiert hätte: Origami. Irgendwo bei seinem Neffen hatte er ein Buch darüber gefunden, es mitgenommen und dann zu Hause einiges davon ausprobiert. Bestimmt hat er nicht damit gerechnet, dass es uns plötzlich allen in den Fingern juckte. Am Ende der Party waren alle Blätter aus Janas Drucker weg …

Egal ob Origami, das Wetter oder Politik – das Thema ist ein wichtiger Part in der Kommunikation. Im Gespräch zwischen zwei Personen ist es das verbindende dritte Element – im Prüfungsdreieck die dritte Ecke. Finden die Gesprächspartner keinen Kontakt zu einem gemeinsamen Thema oder verliert einer der Gesprächspartner das Interesse am Thema, dann erlahmt der Dialog oder bricht ganz ab.

Wie aus dem Stoff ein Thema wird

Oft scheint das Thema ein Eigenleben zu führen, denn es ist nicht vollständig kontrollierbar – weder von einem Gesprächspartner allein, noch von beiden gemeinsam. Warum? Weil es erst noch ent*deckt* werden muss. Es tritt im Dialog aus dem Hintergrund in den Vordergrund und nimmt erkennbare Gestalt an. Darin liegt die Chance des Prüfungsgesprächs. Ein Thema, das von vielen Seiten beleuchtet wird, eröffnet stets neue Dialogmöglichkeiten. Wer es versteht, sich im Vorfeld ein Thema anzueignen, schreckt nicht vor der Offenheit des Gesprächsverlaufs zurück. Er entwickelt einen eigenen Standpunkt, kann sich für »sein« Thema begeistern und bleibt dennoch offen für dialogische Impulse. Selbst dann, wenn sich das Gespräch um Origami dreht.

In der Prüfung fallen also Thema und Prüfungsstoff nicht eins zu eins zusammen. Das Thema ist nicht gleichbedeutend mit dem angekündigten und dann mehr oder weniger gut gelernten Prüfungsstoff. Wer zu sehr am Stoff klebt, kann nicht offen auf die Fragen des Prüfers reagieren und verfehlt unter Umständen den Kern des Prüfungsgespräches. Ein Prüfungsthema entsteht im Dialog zwischen Prüfer und Kandidat. Natürlich immer vor dem Hintergrund des Prüfungsstoffes. Es ist im besten Falle nicht mehr das Thema des Prüfers noch das des Kandidaten, sondern das Thema von *beiden*. Häufig haben Prüflinge nach der Prüfung das Gefühl, gar nicht über das »eigentliche« Thema befragt worden zu sein. Es irritiert sie, dass es nicht nur um die Fakten ging, mit denen sie sich wochenlang rumgeschlagen haben, sondern dass ganz neue Aspekte in den Vordergrund traten, mit denen sie vorher nie gerechnet hätten.

Vielleicht wird Ihnen die Prüfung leichter fallen, wenn Sie sich tatsächlich auf ein *Gespräch* einstellen. Selbst dann, wenn Sie es mit einem sturen Abfrager zu tun haben. Schwierig wird es nämlich nur dann, wenn ein Abfrageprüfer plötzlich dialogisch wird und von Ihnen verlangt, zu einem Thema Ihre persönliche Meinung zu äußern. Wenn Sie dann nicht auf ein Gespräch eingestellt sind, erwischt er Sie leicht auf dem falschen Fuß.

Der Prüfer dominiert das Thema

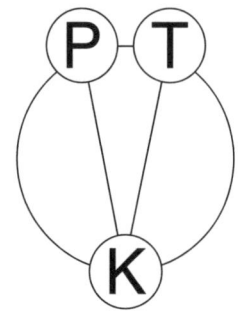

Thema und Prüfer gehen eine unheimliche Allianz ein. Der Prüfling findet keinen persönlichen Bezug zum Thema. Es kommt kein gutes Gespräch in Gang, weil das gemeinsame Thema fehlt. *Gefahr:* Falls der Prüfer doch mal nach der persönlichen Meinung fragt, ist der Prüfling schnell überfordert.

Futter für den Prüfer

Wenn es in der Prüfung nicht nur um eine Lernkontrolle geht, sondern um ein Examen, wird es den meisten Professoren weniger darauf ankommen, ob die Studierenden »alles« wissen, sondern ob sie etwas *Eigenes* aus dem Wissen machen können. Deshalb sind in vielen Studiengängen mündliche Prüfungen vergleichbar mit Präsentationen, ähnlich wie die Begutachtung des Meisterstücks in der Meisterprüfung. Oft geht es darum, ein selbstgewähltes Thema exemplarisch zu bearbeiten und das Ergebnis in der Prüfung vorzustellen. Bei einer guten Präsentation möchte der Zuschauer und Zuhörer mit dem Thema oder mit dem Produkt in Kontakt kommen, er erwartet zu Recht, dass sein Interesse geweckt wird. Anders geht es auch dem Prüfer nicht. Er will mit interessanten Zusammenhängen gefüttert werden, damit sich anschließend ein echtes Fachgespräch entwickeln kann. Nur dann, wenn er das Ergebnis der Präsentation so mager oder uninteressant findet, dass er keinen Impuls zu einem sich anschließenden Austausch entdeckt, wird er versucht sein, sonstiges Fachwissen abzufragen. Das empfindet der Prüfling dann häufig so, als würde der Prüfer ein eigenes Thema aufmachen und nun verlangen, dass der Prüfling ihm in das ungewisse Gebiet folgt. In jedem Fall ist es günstiger, nicht bloß einzelne Fakten und viele Daten zu lernen, sondern Argumentationen, Strukturen und Zusammenhänge. Über einen fertig geknüpften Teppich kann man schließlich besser reden, als über ein loses Bündel unverarbeiteter Fäden. Außerdem lässt sich das Muster eines Teppichs besser einprägen als seine zigtausend Bestandteile. Schaut sich der Professor in der Prüfung das Muster an, wird er kaum nach Dingen fragen, die jenseits der Ränder liegen. Und wenn er es doch tut, gibt es vielleicht Möglichkeiten, ihn wieder zurück auf den Teppich zu holen. Natürlich hat jeder Teppich »Grenzen«. Es sind aber oft die kleinen Teppiche, die am wertvollsten sind. Anders gesagt: Kein Prüfer erwartet grenzenloses Wissen, aber er wird auf Materialauswahl, Argumentationsmuster und Verarbeitungsqualität achten.

Warum das Thema schmecken sollte

Leider ist es bei Examensprüfungen selten möglich, dem Prüfer die Lern- und Arbeitsergebnisse einfach nur hinzustellen und dann den Raum ganz still und leise wieder zu verlassen. Unverschämterweise verlangen viele Prüfer vom Prüfling sogar, dass er vor ihren Augen etwas leistet! Diese Frechheit führt hinterher zu enttäuschten Äußerungen: »Ich hab' doch alles gewusst, warum gibt der mir nur 'ne drei?« Ja, warum eigentlich? Damit es keine Überraschungen gibt, ist es gut, daran zu denken: Fachwissen allein hilft nicht weiter. In einer mündlichen Prüfung schon gar nicht. Es kommt immer auch auf die Art an, *wie* Wissen präsentiert wird.

Gestik, Mimik, die Art der Herleitung, die Formulierung der Antworten und das Aufwerfen neuer Aspekte sind nicht nur zu vernachlässigende Randaspekte der Prüfung. Sie teilen dem Prüfer etwas ganz Entscheidendes mit: welches Ver-

hältnis der Student zum Prüfungsthema hat. Im Prüfungsdreieck gesprochen: Der Prüfer achtet immer auch auf den
Bezug des Prüflings zum Thema. Umgekehrt bedeutet dies,
dass für den Prüfling vieles leichter wird, wenn er selbst in
einem guten Kontakt zum Thema steht.

Präsentieren Sie sich!

Wie aber wird ein Thema spannend? Was muss passieren,
damit die Kunst des Papierfaltens (Origami) tatsächlich zum
Höhepunkt einer Fete wird? Auf die Prüfungssituation übertragen verschärft sich diese Frage sogar noch: Wie kann ich
das Interesse des Professors für 20 Minuten an ein Thema
fesseln, wenn er doch sowieso schon alles, was ich gelernt
habe, weiß? Die Antwort ist denkbar simpel: In meiner Prüfung geht es nicht um *ein* Thema. Es geht um *mein* Thema.
Neu sind deshalb nicht die Literaturzitate, die ich auswendig gelernt habe, sondern *meine Präsentation* der von *mir*
ausgewählten und neu zusammengestellten Aspekte des
Themas. Geprüft wird immer Ihre Art, mit den Daten und
Theorien umzugehen, die ganz persönliche Weise, wie Sie
mit den Elementen des Themas jonglieren. Erfolgreich werden Sie also nur dann sein, wenn Sie mit Ihrem Thema in
Kontakt sind.

Wenn dies gelingt, entdecken viele Prüflinge plötzlich
etwas ganz Unerwartetes: Der riesige, angsterregende Prüfungsstoff gibt ihnen am Ende sogar Sicherheit. Anders
gesagt: Wenn der Stoff zu meinem Thema geworden ist,
wird er mir zum Halt. Er bietet mir einen relativ sicheren
Standort, von dem aus ein Gespräch möglich wird. Ich kann
plötzlich motiviert in eine Prüfung gehen, um dort etwas zu
präsentieren.

Coach yourself

? Warum muss ein Student den Stoff lernen, den ich gerade vorbereite?
(Finden Sie drei wirklich gute Antworten.)

? Ist der Stoff ganz neu für mich, oder kenne ich Teile davon bereits?
(Tragen Sie Ihre »alten« Unterlagen zusammen.)

? Wie sieht mein Thema jetzt im Moment aus?
(Legen Sie alle Bücher und Skripts mal beiseite und beschreiben Sie es einem guten Freund.)

? Was brauche ich noch für mein inneres Bild vom Thema, damit ich die Prüfung bestehen kann?
(Welche Fragen des Themas müssen Sie noch klären, welche Artikel noch unbedingt lesen?)

? Wie würde eine Boulevardzeitung mein Thema betiteln?
(Verfassen Sie eine Überschrift.)

Das Umfeld

Lieber Draxx,

ich verstehe dich nicht. Das sind doch ganz ausgezeichnete Neu-igkeiten! Da ärgerst du dich seitenlang über eine „missratene" Sprechstunde, jammerst Absatz für Absatz über dein „von außen" durchkreuztes Konzept und merkst gar nicht, auf welchem Schatz du plötzlich sitzt. Das Schicksal hat dir einen Trumpf in die Hand gespielt, und du erkennst das Blatt nicht.

Dieser Professor Rohwetter scheint mir jedenfalls ein Kerl von echtem Schrot und Korn zu sein. Einer, der den Wert der alten Pädagogik noch zu schätzen weiß. Ich kann mir das Gesicht von Felix lebhaft vorstellen, als ihm ein Prüfungsthema nach dem anderen abgeschossen wurde. Und das zu Recht. Wo kämen wir hin, wenn die Studenten ihre Themen, über die sie sich natürlich gerne prüfen lassen, selbst aussuchen dürften?! Schließlich steht der Schüler niemals über dem Meister.

Verstehst du jetzt, warum ich dich immer wieder ersuche, so viele Informationen wie möglich über ihn und über sein persönli-ches Umfeld zu sammeln?! Daraus erarbeitest du dir die Grund-lage für neue Beratungsmöglichkeiten. Halte ihn beschäftigt – und fern von der Arbeit. Er muss die Teller am Laufen halten, der-weil du wieder neue Teller aufsteckst und zum Rotieren bringst.

Günstiger könnte deine aktuelle Situation nicht sein. Jetzt muss sich Felix nicht nur auf ein für ihn angstbesetztes Thema einlassen, sondern zusätzlich mit einem Prüfer, vor dem er aus Angst nur so schlottert. Ich kann dir auch verraten, warum Roh-wetter ihm ein „spezielles" Prüfungsthema, wie du es nennst, ausgewählt hat. In keiner Weise aus Schikane, sondern weil es sein Spezialgebiet ist. Ich habe mich in der Zwischenzeit bei Toxx erkundigt. Toxx meint, dass Rohwetter seine Fachkompetenz vor 25 Jahren erworben habe und sie gegen alle Neuerungsversu-che verteidige. Deshalb lasse er seit jeher keine neuen Themen mehr zu. Ob aus „Bequemlichkeit", wie Toxx etwas überheblich meint, oder aus Sachkenntnis, wie ich denke, sei einmal dahin-gestellt. Schließlich spricht nichts dagegen, an bewährten und zentralen Themen festzuhalten, solange sie nicht widerlegt sind. Du hast jedenfalls enormes Glück. Denn etwas Besseres, als dass dein Klient nicht nur ein ihm völlig fremdes Thema bekommen hat, sondern auch noch „patzig" auf diese Eröffnung reagierte, hätte dir nicht passieren können. Wenn je einer meiner Schüler das von mir festgelegte Prüfungsthema als „abseitig und überholt" bezeichnet hätte, er wäre augenblicklich von mir verbrannt worden.

Die sich anbahnende Feindschaft zwischen den beiden musst du natürlich gut pflegen. Unterfüttere sie am besten durch weitere Konflikte in anderen Bereichen. Du hast geschrieben, dass Felix auf einer Wohnheim-Fete ein Mädchen kennen gelernt und sie ihn nach besagter Sprechstunde wieder „aufgebaut" hat. Nun gut, das müssen wir hinnehmen. Bringe doch bitte alles über sie in Erfahrung. Falls sie bereits einem festen Beruf nachgeht, darfst du bei ihr vielleicht auf eingeschränkte Toleranz gegenüber seinen zeitintensiven Lernphasen hoffen. Hier tut sich dir ein unerschöpflicher Quell fantastischer Konflikte und Missverständnisse auf. Mit ein bisschen Fantasie wirst du die Klaviatur enttäuschter Erwartungen und gegenseitiger Vorwürfe virtuos zu spielen verstehen.

Ein Letztes noch: Wenn dir sein Lerneifer unheimlich wird – schicke ihm unangemeldet die Handwerker ins Haus oder eine unaufschiebbare Einladung zum Familiengeburtstag. Eine solche abzulehnen führt meistens zum Eklat. Im besten Falle kommt es deinem Versuch entgegen, Gewissenskonflikte (und später dann Schuldgefühle) in ihm heranzuzüchten, die sich bei intensiver Begleitung zu emotionalen Blockaden auswachsen. Und diese wiederum werden deinem Klienten einen Zeitaufschub beim Lernen gewähren, den er zur Beseitigung seiner Familienkonflikte verwenden muss. Die verlorene Zeit lässt sich hervorragend nutzen, um ihm wiederum seinen zunehmenden Arbeitsdruck in Erinnerung zu rufen. Es ist wie Jojospielen; aber du wirst dir schon etwas einfallen lassen müssen, wie du seine Aufmerksamkeit ständig neu in Beschlag nimmst. Und wenn er deinen Isolierungsversuchen zu trotzen versucht und Lernfortschritte macht – öffne bei gutem Wetter doch einfach mal sein Fenster. Sein Wohnheim liegt doch genau neben einem Park! Lade ihn immer öfter zu Pausen ein und zu ausgiebigen Spaziergängen.

Die Lehre, die du aus der neuen Situation jedenfalls ziehen solltest: Es ist eine Illusion zu glauben, man könne sich immer nur ausschließlich einer Sache widmen. Das Leben ist eine zusammenhängende Kette von Faktoren, die alle einen Anspruch erheben. Zum inneren Chaos gesellt sich nun auch das äußere. Dir tut sich Chance um Chance auf – und du jammerst, weil Rohwetter dein „Konzept durchkreuzt" hat…

Dein Pythoxx

Coaching

Till hat seine Diplomarbeit in Informatik abgegeben und bereitet sich nun auf die mündlichen Prüfungen vor. Seit gut acht Monaten bestimmt das Examen sein Leben.

Coach: Was ist Ihnen denn über die Leber gelaufen?

Till: Aha. Sieht man es mir also an, dass ich noch wütend bin?

Coach: Ich finde schon.

Till: Ich habe mich gestern so aufgeregt. Endlich nehme ich mir Zeit, um mal wieder zum Volleyball zu gehen, und dann hackt die ganze Mannschaft ständig auf mir rum.

Coach: Weshalb denn?

Till: Ich würde sie hängen lassen, käme nicht mehr regelmäßig zum Training, hätte schon so viele Spiele abgesagt und wenn ich käme, wäre ich schlecht drauf. Die verstehen überhaupt nicht, was es bedeutet, im Diplom zu stecken.

Coach: Könnten sie es denn verstehen?

Till: Eigentlich schon. Frank und Ralf haben auch studiert. Ralf ist seit zwei, drei Jahren fertig, Frank hat das Studium vor einem Jahr endgültig geschmissen, und Kai hat letztes Jahr seinen Meister gemacht. Der war damals auch total durch den Wind.

Coach: Was erwartet die Mannschaft von Ihnen?

Till: Dass ich mich so verhalte, als wenn nichts wäre. Ich kann aber nicht funktionieren wie immer. Das kriegt auch meine Freundin mit. Die beschwert sich auch dauernd, dass ich zu wenig Zeit für sie habe. Wissen Sie, was meine Horrorvorstellung ist? Ich mach' jetzt so einen Wind um mein Diplom, und am Ende falle ich durch. Das wär' ne schöne Scheiße...

Coach: Wie kommen Sie darauf, dass Sie durchfallen könnten?

Till: Na ja, genau betrachtet ist das nach den Vornoten kaum noch möglich. Aber ich habe den Eindruck, dass ich bei der Vorbereitung der mündlichen Prüfungen keinen Schritt weiterkomme. Allen sage ich: Keine Zeit, ich muss lernen, lasst mich in Ruhe mit euren Problemen. Und dann sitze ich am Schreibtisch und bin irgendwie völlig blockiert.

Coach: Wer soll Sie mit seinen Problemen in Ruhe lassen?

Till: Wie? Ach ja. Mein Vater ist zur Zeit im Krankenhaus.

Coach: Handelt es sich um eine ernste Erkrankung?

Till: Ja, schon. Er hat seit zehn Jahren Diabetes, und jetzt muss ihm wahrscheinlich ein Bein abgenommen werden. Die Ärzte untersuchen noch, aber die Amputation lässt sich wahrscheinlich nicht vermeiden.

Coach: Das beschäftigt Sie sehr.

Till: Eigentlich nicht, weil schon lange klar ist, dass seine Lebenserwartung höher ist, wenn er sich von dem Bein trennt, auf dem er schon lange nicht mehr stehen kann.

Coach: Was sagt denn Ihr Vater zu Ihrem Studienabschluss? Freut es ihn, dass Sie jetzt so weit sind?

Till: Ich weiß nicht. Er hätte es damals lieber gehabt, wenn ich eine Lehre gemacht und dann sein kleines Malergeschäft übernommen hätte.

Coach: Was denken Sie, könnte es sein, dass Ihre momentane Blockade in der Prüfungsvorbereitung, bei der Sie keinen Schritt weiter kommen, etwas damit zu tun hat, dass Ihr Vater vielleicht ein Bein verliert und nie mehr einen Schritt aus eigenem Antrieb tun kann?

Till: Das verstehe ich nicht, das ist mir zu abgespaced. Sie meinen, dass ich meinen Vater dadurch, dass ich studiert habe, überflügele? So etwas würde ich niemals denken. Das wäre ... arrogant.

Coach: Und Ihr Vater, denkt er so?

Till: Ja, der lästert gerne mal über die Studierten, die sich nicht mehr die Finger dreckig machen wollen.

Coach: Meint er damit auch Sie?

Till: Nein, ich glaube nicht. Ich denke, er ist auch ein bisschen stolz auf mich. Aber das setzt mich noch mehr unter Druck.

Coach: Wenn Sie das Diplom nicht schaffen würden, wäre das für Sie eine Niederlage, weil Ihr Vater Ihnen nicht zum Studium geraten hat. Und wenn Sie das Diplom locker schaffen, werden Sie zum arroganten Akademiker.

Till: So ungefähr. Ich glaube, ich gehe heute Nachmittag mal ins Krankenhaus und besuche meinen Vater.

Coach: Sie wollen ihm von Ihrer Diplomarbeit und Ihren Prüfungen erzählen?

Till: Ja, ich will sehen, wie er reagiert.

Time out: Das Umfeld

Verdammt allein

Eine große Aufgabe, die ganz allein bewältigt werden muss, kann einsam machen. Es braucht viel Zeit, den Prüfungsstoff zu meistern. Und das bedeutet: sitzen. Viele Stunden lang sitzen. Täglich, Woche für Woche, allein vor dem Computer, den Büchern, den Skripten. Treffe ich mich mit anderen, reden mir alle wohlwollend zu:»Das wirst du schon schaffen!« Aber niemand will hören, dass ich das nicht immer glauben kann. Also setze ich mich wieder, diese Sache muss ich mit mir selbst ausmachen. Und gerade dann, wenn ich mal beschlossen habe, mich durchzubeißen, klingelt das Telefon. Die Mutter will wissen, ob die monatliche Zahlung auf dem Konto angekommen ist. Freunde, die sich sonst nie melden, wollen auf einmal wieder was unternehmen. Andere rufen ständig an, um mich zu trösten. Warum eigentlich trösten? Ich schaff' das schon, das haben schon ganz andere hinbekommen! Warum traut man mir das nicht zu? Verstehen die denn nicht, wie man sich vor einer Prüfung fühlt und dass ich meine Ruhe haben will?! Wissen die denn nicht, dass mir keiner helfen kann, weil ich ganz alleine in die Klausur gehen muss?

Zeitfresser und Störsignale

Den Fernseher verkaufen und für das Geld einen Anrufbeantworter anschaffen, die Internetverbindung kappen, Freunden Kontaktverbot aussprechen ... Solche drastischen Maßnahmen verraten, dass überall gefährliche Zeitfresser lauern und oft sogar als lieb gewonnene Haustiere gehalten werden. Wenn sie sich dann mal wieder dick und rund gefressen haben, will man sie am liebsten alle schlachten und sich damit selbst bestrafen. Dabei ist in einer Zeit hoher Leistungsanforderungen eher Belohnung angesagt: Rückrufe in die Pausen legen, Kneipenbesuche für die Zeit nach dem Tagespensum vereinbaren, die Lieblingsserie aufzeichnen und *nach* der Arbeit genießen. Wer versteht, sich selbst in seinem Umfeld zu organisieren, lernt effektiver und lebt glücklicher.

Das Umfeld, in dem eine Prüfung vorbereitet wird, hat Einfluss auf die Prüfungsleistung. Ob ich mir einen unattraktiven Arbeitsplatz aussuche oder schlecht ausgestattet bin, spielt dabei eine ebenso große Rolle wie die vielen Ablenkungsmöglichkeiten, die Teil meiner Lernumgebung sind. Störungen durch Mitbewohner, ein unrealistischer Zeitplan, finanzielle Sorgen, persönliche Krisen, fehlende Perspektiven und viele andere Umstände verhindern oft zusätzlich ein optimales Präparieren des Lernstoffes für die anstehende Prüfung. So katastrophal sich diese Faktoren zunächst auch auswirken, sie haben doch meistens ein Gutes: Hier verrät sich der Störer selber. Störer sind Signale dafür, dass eine Veränderung angesagt ist, die für die Vorbereitung und das Prüfungsergebnis Bedeutung hat. Häufig ist es möglich, diese Störungen mit ein wenig Aufmerksamkeit und Mühe zu beheben. Sie einfach zu verdrängen wäre fatal. Störungen haben deshalb immer Vorrang, weil ihre Beseitigung das Lernen wieder erleichtert.

Was erlauben Sie sich eigentlich?!

Wer sich ungestört auf die Prüfung vorbereitet, arbeitet konzentrierter. Das bedeutet zwar, dass andere Dinge zeitweise aus dem Blickfeld geraten. Es heißt aber nicht, dass ich mich in Prüfungsphasen automatisch von allem distanzieren muss, was nicht mit der Prüfung zu tun hat. Wer nur noch lernt, kappt seine Energiequellen, isoliert sich und gerät schnell in eine Angstspirale. Das ist nicht nötig. Lebenslust und Prüfungsvorbereitung passen sehr wohl zusammen. Ich muss nur drauf achten, dass ich nicht ständig den *ganzen* Prüfungsberg mit mir rumschleppe. Es reicht völlig aus, den jeweils *nächsten* Schritt der Vorbereitung im Blick zu behalten. Dann kann ich mir auch mal etwas erlauben, das ich mir sonst verbieten würde.

Zum Glück in der Krise?

Was aber ist, wenn in Prüfungszeiten Umstände eintreten, die ganz tiefe und schmerzhafte Emotionen auslösen, zum Beispiel Trauer über eine Trennung, Angst wegen einer eigenen Erkrankung, Sorge um geliebte Personen...? Unsere Erfahrung zeigt etwas Überraschendes: Gerade *weil* die Prüfung einen so mächtigen Einfluss hatte, war es vielen Prüflingen möglich, sich an den Schreibtisch zu setzen und mit dem Lernen weiterzumachen. Trotz Leid und trotz Angst.

So seltsam das klingen mag: Sorgen und Leid beeinflussen zwar das Wohlbefinden und die Leistungsfähigkeit, aber sie blockieren nur selten das Lernen. Krisen – gerade wenn sie bewusst durchlebt werden – können beflügeln. Sie zwingen einen vorwärts, weil sie die Prüfung als Alternative und sinnvolle Chance zur Veränderung erscheinen lassen. Krisen in Prüfungszeiten sind unserer Erfahrung nach übrigens keine Ausnahmen. Vielleicht tauchen deshalb immer wieder unerledigte Dinge in Prüfungsphasen auf, weil Lernzeiten immer auch Phasen des Alleinseins sind? Wie auch immer: So manche brillante Diplomarbeit ist jedenfalls in einer Phase von Liebeskummer geschrieben worden.

Die Heizung benotet mit

Wer es gelernt hat, seine Vorbereitungszeit von Störungen frei zu halten oder sich trotz allem auf das Thema zu konzentrieren, ist für den »Ernstfall« schon gut vorbereitet. Denn auch in der Prüfung erwarten Sie manchmal Überraschungen aus dem Umfeld. Das wollen wir am Modell des Prüfungsdreiecks verdeutlichen: Das Dreieck ist nicht ohne den Kreis (Globe) zu denken. Optimal ist ein Prüfungsumfeld, das den Teilnehmern die Konzentration auf den Dialog über das Thema möglich macht. Beide, Professor und Kandidat, sind körperlich und geistig präsent, so dass der Prüfling das Thema präsentieren kann und es sich im Dialog weiter entfaltet. Die von allen Beteiligten wahrgenommene Situation – das »Hier und Jetzt« – wird als angemessen empfunden. So weit perfekt. Was aber ist, wenn alles ganz anders kommt? Wenn zum Beispiel die Heizung ausgefallen ist und draußen Schnee liegt? Oder wenn das Licht blendet? Was macht man, wenn die offene Tür zum Sekretariat stört und die Prüfung durch mehrere Telefonate unterbrochen wird? Was, um Himmels Willen, ist, wenn der Beisitzer immer wieder wegnickt und sogar schnarcht? Wer kann bei solchen Störungen cool bleiben?! Hier ist eindeutig der Prüfer gefragt. Er ist für den äußeren Rahmen der Prüfung zuständig. Vielleicht ist es nicht geschickt, gleich in rüder Form eine Veränderung einzufordern. Die eher als Befehl formulierte Frage »Können wir bitte den Raum wechseln, hier ist es arschkalt?« kann schnell zum Konflikt führen, weil sie von der Prüfung ablenkt. Günstiger ist es, den Kontext in Ich-Aussagen anzusprechen: »Ich kann Ihr Gesicht nicht sehen, die Sonne blendet« oder »Ich muss immer daran denken, ob man uns vom Sekretariat aus zuhören kann«. Das klingt sehr defensiv, gibt dem Prüfer aber die Chance, wohlwollend zu reagieren und die Störung zu beseitigen.

Störung aus dem Umfeld

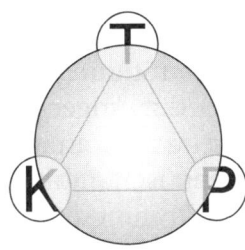

Das Umfeld tritt so stark in den Vordergrund, dass die Kommunikation über das Thema nur noch eingeschränkt möglich ist.
Gefahr: Weder dem Kandidat noch dem Prüfer gelingt es, sich auf das Thema zu konzentrieren. Eine optimale Prüfungsleistung kann nicht gezeigt werden.

Jede Prüfung steht unter unvorhersehbaren Einflüssen. Sie werden nicht alles in der Hand haben. Aber auf manches können Sie sich schon jetzt einstellen. Auf den Prüfungsraum etwa. Wenn er ohne weiteres besichtigt werden kann, setzen Sie sich doch dort schon mal auf einen Stuhl. Wie ist das, wenn Sie sich dann vorstellen:»Hier werde ich mich prüfen lassen«? So erobern Sie sich Ihren Prüfungsraum!

»Zwei« mit Nebenwirkungen

Im weiteren Sinne gehört zum Umfeld auch der institutionelle Kontext: das Notensystem oder die Prüfungsordnung. Wenn Juristen beispielsweise schon ein Prädikatsexamen erhalten, sobald sie 9 von 18 Punkten erreicht haben, die volle Punktzahl aber fast nie vergeben wird, dann beeinflusst dieser Punktegeiz die gesamte Prüfungsprozedur. Es gelingt nur in Ausnahmefällen, perfekt zu sein. Wer 14 Punkte erreicht, bekommt zwar hohe Anerkennung, jedoch nur unter Vorbehalt. Es könnte schließlich jemand noch besser sein und 15, 16, 17 oder gar 18 Punkte erreichen. Das führt dazu, dass kaum ein Jurist in der Prüfungsvorbereitung den Ehrgeiz entwickelt, den Jackpot zu knacken.

Das Umfeld umfasst aber auch die jeweilige Prüfungskultur der Hochschule, wie etwa die Sorgfalt, mit der Prüfungen durchgeführt werden. Des Weiteren spielen berufspolitische Einflüsse eine Rolle. Eine 2 im Staatsexamen ist auf einmal nicht mehr »ausreichend«, wenn das staatliche Schulamt nur noch Lehrer mit der Note 1,5 einstellt. Oft sind es diese »äußeren« Faktoren, die den Prüfling sogar mehr belasten als das unmittelbare Prüfungsgespräch beziehungsweise die Klausur. Wenn Sie sich mit den Bedingungen auseinander setzen, unter denen Ihre Prüfung stattfinden wird, trainieren Sie Ihre Wahrnehmung für diejenigen Rahmenbedingungen, die Sie selbst ändern können.

Coach yourself

 Was muss ich an meinem Lernumfeld ändern, damit ich mich optimal auf die anstehende Prüfung vorbereiten kann?

 Welcher Gedanke lenkt mich momentan am stärksten vom Arbeiten ab?
(Wo können Sie diesem »Virus« ungestört Raum geben?)

 Wie binde ich mein Umfeld produktiv in die Prüfungsvorbereitung ein?
(Wer nimmt Ihnen welche Aufgaben und Arbeiten ab, damit Sie mehr Zeit und Ruhe für die Prüfung haben?)

 Wie sieht der Prüfungsraum aus, und wie begegne ich dem Prüfer oder der Prüferin?
(Sie sind Theaterregisseur: Wie sieht Ihr perfektes Prüfungsstück aus?)

 Welche äußeren Bedingungen der Prüfung kann ich selbst beeinflussen?
(Listen Sie sieben Begriffe auf. Markieren Sie die drei, die für Sie am wichtigsten sind.)

2
Das Training

1st beat: Anmelden

Lieber Draxx,

netter Versuch, aber um mich zu täuschen, bedarf es neben außergewöhnlicher Erfahrung auch eines gewissen Talentes. Dir mangelt es an beidem. Die ganzen Details über diese Annabel kümmern mich im Augenblick wenig. Mich interessiert nur das eigentliche Thema deines Briefes. Ich habe es ganz am Ende deiner unverschämt langen Jammerepistel entdeckt. Der „konkrete Schritt" deines Klienten, den du post scriptum und nur vage erwähnst, heißt doch nichts anderes, als dass er sich zur Prüfung angemeldet hat! Anders gesagt: Alle Drohszenarien, die du im Vorfeld aufgebaut hast, sind wirkungslos in sich zusammengefallen! Noch schlimmer: Der Traumatisierungseffekt der Sprechstunde ist verpufft! Ich verlange, dass du mir im nächsten Brief ausführlich die ganzen Vorgänge beschreibst.

Wir müssen jetzt schauen, wo du am sinnvollsten bei Felix einhakst, und zwar rasch. Da ich vermute, dass er mittlerweile unter der Angst vor seiner eigenen Courage leidet, solltest du versuchen, genau dort anzusetzen. Frage ihn, ob es wirklich klug war, sich ausgerechnet jetzt anzumelden, wo er sich durch eigenes Verschulden die Feindschaft seines Hauptfachprüfers zugezogen hat. Zeigt er sich hier wider Erwarten beratungsresistent, so appelliere an seine Vernunft (also an Ängste, die vernünftig klingen) und gib ihm zu bedenken, dass so viele Dinge noch gänzlich ungeklärt sind. Wenn er also tatsächlich alle formalen Bedingungen für die Zulassung zur Prüfung erfüllt hat (stehen seine Prüfer alle schon fest?), was gedenkt er nach dem Studium zu tun? War nicht alles ein bisschen überhastet, wenn noch nicht einmal geklärt ist, wie er nach dem Examen der sicheren Arbeitslosigkeit entrinnen will? Womöglich kannst du hier auch seine Mutter in die Kommunikation mit einbinden. Deinen Briefen entnehme ich, dass sie sich rührend um „seine Zukunft" sorgt. (Bekommt er von ihr eigentlich immer noch diese Briefe mit den ausgeschnittenen Stellenanzeigen?) Wenn er die Berufsfrage für sich allerdings schon geklärt haben sollte oder du hier keine befriedigende Wirkung erzielst, hilft es nichts. Dann musst du auf anderen Feldern aktiv werden.

Dazu noch ein paar Gedanken. Ich habe den Verdacht, dass ihn seine Schmetterlinge im Bauch zur Anmeldung beflügelt haben. Vielleicht wollte er seiner neuen Flamme nach der unerfreulichen Sprechstunde mit diesem Schritt ein wenig imponieren?! Finde das heraus, denn hier musst du ihn kurieren. Bisher haben wir für jedes noch so starke Gift ein Gegengift gefunden. Und da der Sommer gerade anbricht, hast du perfekte Grundbedingungen für weitere Manöver. Wie ich deinem letzten Bericht entnommen habe, steht in Kürze die traditionelle Flurfete vor der Tür, dazu der nächste Barabend im Wohnheim. Felix und Annabel werden sich dort wieder sehen. Ich rechne damit, dass er nun deine Ratschläge gebrauchen kann: Das Lernen ist (emotional betrachtet) verschwendete Zeit, die er nicht in Annabels Nähe verbringen kann. Anders gesagt: Ich halte es für taktisch klüger, ihn bei seinen „lächerlichen Turtelbemühungen", wie du es nanntest, zu unterstützen, denn eine Paarbeziehung würde ihn jetzt viel Zeit, Aufmerksamkeit und Energien kosten. Sieh zu, dass er recht bald ein Foto von ihr bekommt, das er sich an seinem Arbeitsplatz aufstellen kann oder mit in den Lesesaal nimmt. Es kommt in dieser Situation ganz darauf an, dass du sein Umfeld mit in die Arbeit einbeziehst. Denn in der jetzigen Phase hängt alles von seinen Gefühlen ab. Hier wird die entscheidende Schlacht geschlagen. Vielleicht flüchtet er sich aus lauter Angst vor einer neuen Rohwetter-Begegnung tief in die Beziehung hinein?

Noch ein Gedanke zu seinen ambivalenten Gefühlen: Versuche, sein Lerngewissen derart mit Rohwetter in Verbindung zu bringen, dass er sich nur allzu gern ablenken lässt. Irgendwann mal fällt sein Blick auf den Kalender oder jemand (Annabel?) stellt eine unschuldige Frage – seine Ausweichbewegung erweist sich dann mit einem Schlag als Flucht in die Fänge der Katze. Es gilt einen Berg vor ihm anzuhäufen, bei dessen Anblick er sein Scheitern erahnt – und sich davon so lähmen lässt, dass er den nächsten Schritt zum Erreichen der Spitze erst gar nicht macht. Lass ihn die Ausmaße des Hindernisses aus der Ferne ermessen.

Und dir, mein lieber Draxx, sei noch eines in aller Freundlichkeit gesagt: Bisher hat er nur den ersten Schritt auf ein Terrain getan, das fest in unserer Hand ist. Verhindere den zweiten.

Dein Pythoxx

Coaching

Chiara studiert seit acht Jahren Soziologie und Psychologie. Seit zwei Jahren arbeitet sie wöchentlich zwölf Stunden in einem Jugendzentrum. Sie ist gerade 29 Jahre alt geworden und hat sich vorgenommen, vor ihrem 30. Geburtstag das Diplom in Soziologie zu machen. In der dritten Coachingsitzung überlegt sie, ob sie sich in der folgenden Woche offiziell zu den Prüfungen anmelden soll.

Coach: Wie ging es Ihnen seit unserem letzten Treffen?

Chiara: Oh danke, sehr gut. Nur im Jugendzentrum sind mal wieder die Wellen hochgeschlagen, hab' ich das schon erzählt? Momentan zerfleischt sich das Team selbst, es hat schon wieder jemand gekündigt, und die Kids flippen regelmäßig aus.

Coach: Ähm, ich meine eigentlich ... Sie hatten sich doch vorgenommen, bis zu unserem Gespräch heute in Erfahrung zu bringen, wann der nächste Anmeldetermin für die Diplomprüfung ist.

Chiara: Ach so, ja. Das habe ich auch gemacht. Der Anmeldeschluss ist schon nächste Woche Mittwoch. Das schaffe ich gar nicht mehr.

Coach: Was muss denn dafür noch getan werden?

Chiara: Ich muss das Thema der Diplomarbeit angeben und vier Prüferinnen oder Prüfer nennen.

Coach: Das Thema der Diplomarbeit haben Sie mir schon genannt.

Chiara: Ja, das kann mittlerweile so bleiben. Aber die vier Professoren. Wissen Sie, was das für eine Lauferei bedeutet, bis man von allen die Unterschriften hat?

Coach: Ja, das kann ich mir vorstellen.

Chiara: Bei zweien ist das kein Problem, die sehe ich ständig in den Veranstaltungen, aber die Müller und der Barsch, bei denen ist das nicht so einfach.

Coach: Also hängt es an Frau Müller und Herrn Barsch, dass Sie sich noch nicht zum Diplom anmelden können.

Chiara: Jetzt wollen Sie mich dazu bringen, dass ich mich unbedingt anmelde.

Coach: Ich will daran erinnern, dass Sie vor sechs Wochen, bei unserem ersten Gespräch, von Ihrem Ziel sprachen, vor Ihrem 30. Geburtstag das Diplom zu machen. Wenn dies immer noch gilt, wäre dieser Anmeldetermin der letzte mögliche.

Chiara: Ich glaube, ich bin noch nicht so weit.

Coach: Was bräuchten Sie denn, damit Sie sich mit einem guten Gefühl zur Abschlussprüfung anmelden könnten?

Chiara: Ich kann das nicht so konkret sagen. Manchmal denke ich, ich habe noch zu wenig gelernt. Ich bin doch noch keine Soziologin. Ich bin noch nicht fit für den Beruf. Selbst wenn ich das Diplom schaffen würde – was ist dann, wenn ich im Beruf versage, wenn es ernst wird und alle sehen, dass ich eigentlich überhaupt nichts kann?!

Coach: Wir hatten im Erstgespräch schon mal über Ihre Berufsziele gesprochen.

Chiara: Ja, ich will versuchen, in die Beratungsarbeit für Migranten einzusteigen. Dazu habe ich ja ein Praktikum gemacht, und darum geht es auch in meiner Diplomarbeit.

Coach: Finden Sie nicht, dass Sie durch die Diplomarbeit zur Expertin auf diesem Gebiet werden?

Chiara: Mal sehen.

Coach: In gewisser Weise haben Sie sich bereits zum Diplom angemeldet.

Chiara: Wie meinen Sie das?

Coach: Sie haben sich vor sechs Wochen zum Coaching angemeldet und mir den Auftrag gegeben, Anwalt Ihres Diplomprozesses zu sein. Und das bin ich heute. Ich verteidige Ihre Entscheidung gegen die vielen Unsicherheiten, die Sie als bedrängend erleben.

Chiara: Na ja gut, Sie haben schon Recht. Ich muss mich trauen. Ich muss die Kugel rollen lassen, sonst wird das nie was.

Coach: Das Diplom kommt Ihnen heute wie ein Roulettespiel vor, aber Sie wollen es wagen?

Chiara: Ja, ich werde mich anmelden. Es gibt ja schließlich Möglichkeiten zu verlängern, wenn die Zeit nicht reicht.

Anti-Draxx: Anmelden

Angst erlaubt – nach der Anmeldung!

Zum Glück gibt es in den meisten Studienfächern feste Anmeldefristen fürs Examen. Das ist deshalb so wichtig, weil man für sich (und für andere) mit dieser Anmeldung ein deutliches Zeichen setzt: Jetzt beginnt meine Prüfungszeit. Mit diesem Startschuss können Sie sich darauf verlassen, dass Prüfungen Sie nicht so unerwartet ereilen werden wie eine Grippe oder die Wurfpostsendung der Alcatraz-Versicherung. Es besteht nicht die Gefahr, dass Ihre Konzentration aufs Hauptstudium durch Prüfungstermine beeinträchtigt wird, die sich ständig aus dem Nichts anschleichen. Das würde schnell auf Kosten Ihrer Motivation gehen und Ihnen rasch den Spaß am Studieren vermiesen. Besser ist es deshalb, wenn Prüfungszeiten absehbar kommen und gehen, wenn sie einen Anfang und ein Ende haben. Das erlaubt Ihnen, bewusst in das Beziehungsgeflecht des Prüfungsdreiecks ein- und auch wieder auszusteigen.

Ihre Papiere bitte

Vom löblichen Entschluss zur Prüfungsanmeldung bis zur Zulassung ist es ein weiter Weg, der mit viel Verwaltungspapier gepflastert ist. Manche Studierende finden ihn nicht nur lästig, sondern fast bedrohlicher als die Prüfung selbst, denn spätestens jetzt ist ein Kontakt mit der universitären Bürokratie unvermeidlich. Es müssen offizielle Fristen beachtet und Zettel ausgefüllt werden, Prüfer sind zu finden und deren Unterschriften müssen eingetrieben werden – die Anmeldung zur Abschlussprüfung beginnt mit einem Haufen bürokratischer Formalitäten. Neben dem Nachweis fachlicher Leistungen müssen Sie nun auch noch logistische Anforderungen erfüllen. Nur so wird Ihre

Anmeldung amtlich. Aber zum Glück gibt es Hilfen: Die Prüfungsordnung ist ein wichtiger Leitfaden für die Bewältigung der Anmeldungsprozedur. Vielleicht gibt Ihnen der Fachbereichsrat die notwendigen Informationen? Unter Umständen ist auch ein Gespräch bei der Studienberatung oder direkt beim Prüfungsamt hilfreich. Weil Sie mit der Anmeldung eine neue Studienphase beginnen, die Ihre volle Aufmerksamkeit benötigt, sollten Sie keine »Überhänge« in Form von alten Hausarbeiten oder Klausuren mitnehmen. Denn diese Altlasten könnten Ihre Vorbereitungszeit erheblich einschränken. Es ist deshalb ratsam, an dieser Stelle rechtzeitig kurzen Prozess zu machen, und sich *ganz* auf den Abschluss zu konzentrieren.

Der erste Etappensieg

Die Anmeldung selbst ist bereits eine Art Prüfung, denn das Prüfungsamt prüft, ob die Voraussetzungen für das Examen gegeben sind, ob die notwendigen Scheine und andere Studienleistungen vorliegen. Ist am Ende die Zulassung zur Prüfung unter Dach und Fach, atmen die meisten Studierenden erst einmal auf. Mit dem Abschluss des Anmeldeverfahrens ist der erste Etappensieg im Prüfungsprozess errungen. Die erste Prüfung haben Sie bereits erfolgreich hinter sich gebracht.

In einigen Fächern fällt die Anmeldung nicht mit dem Beginn der Vorbereitungszeit auf das Examen zusammen. Mediziner und Juristen melden sich häufig erst dann zum Examen, wenn sie mit dem Lernen schon weit vorangeschritten sind. In diesem Fall muss der Einstieg in das Prüfungsdreieck selbständig festgelegt und gestaltet werden. Hier bedarf es einer klaren Entscheidung, sich zur Prüfung zu melden und mit der Prüfungsvorbereitung zu einem selbst bestimmten Termin zu beginnen. Dieser Beschluss ist wie eine Anmeldung, die man bei sich selbst einreicht. Und eben weil man sie mit sich selbst ausmacht, steht sie häufig auf schwachen Füßen. Gute Vorsätze können aber an Stabilität gewinnen, wenn man sie durch eine äußere Form unterstützt. Zum Beispiel so:

- Schreiben Sie das Prüfungsdatum deutlich auf einen großen Zettel und hängen Sie ihn an einem zentralen Ort im Zimmer auf.

- Beginnen Sie einen neuen Terminplan beziehungsweise tragen Sie die Etappenziele der Prüfungsvorbereitung in einen bereits vorhandenen Plan ein.

- Teilen Sie fünf Freunden oder Freundinnen aus Ihrem direkten Umfeld mit, an welchem konkreten Termin Sie in die Prüfung gehen werden.

Damit hat die Prüfungszeit begonnen. Sie wird auch wieder enden. Ganz sicher.

Der Anfang vom Ende vom Anfang

Mit der Abschlussprüfung endet die Studienzeit. Auch wenn sich ein Zweitstudium oder eine Promotion anschließt: Es geht ein Lebensabschnitt zu Ende, der in der ersten Grundschulklasse begonnen hat. Das bringt Veränderungen mit sich und löst Verunsicherung und Ängste aus. Gut, wenn man sich das auch eingestehen kann. Denn wer sich für die Abschlussprüfung anmeldet, sollte sich darüber klar sein, dass er damit ein für alle sichtbares Zeichen setzt, dass er das Ende seines Studiums akzeptiert und die damit verbundenen Veränderungen annimmt.

Manche Studierenden verschweigen aber vor Familie und Freunden lieber, dass sie sich angemeldet haben. Sie wollen dadurch nervige Fragen vermeiden (»Wann bist du denn endlich fertig mit dem Studium?!«). Verständlich. Schließlich weiß man ja nie, ob im Examen nicht doch etwas schief geht. Wer aber seine Prüfungsanmeldung verschweigt, verschenkt damit leider einen sehr positiven Effekt. Denn die Anmeldung kann ein *neues Selbstbewusstsein* geben: Aus dem Studenten wird ein Kandidat für die akademische oder staatliche Abschlussprüfung. Die Zulassung zur Prüfung dokumentiert, dass der Prüfling ein Reifestadium erlangt hat, das er sich einzig und allein durch eigene Studienleistungen erworben hat. Und das ist doch schon mal was. Auch wenn der Kandidat sich selbst noch nicht für völlig reif hält – er hat alle Anforderungen erfüllt und kann jetzt auch den letzten Schritt wagen.

Aus dem Ziel die Motivation holen

Ein erstrebenswertes Ziel ist wie ein Magnet. Es wirkt anziehend und unterstützt damit die Vorbereitung. Das Voranschreiten im Prüfungsstoff wird gesteuert und unterstützt durch das Ziel. Was aber, wenn der Wert des Zieles nicht klar ist, wenn die Berufsaussichten schlecht sind oder wenn das Studienende vielleicht sogar das Ende der Aufenthaltsgenehmigung bedeutet? In diesen Fällen ist das Ziel mit weiteren Ängsten verbunden. Es ist nicht besonders klug, die Weiche zu stellen und einfach loszufahren ohne zu wissen, wohin die Reise eigentlich gehen soll. Vor allem dann, wenn man sich keine großen Umwege leisten kann. Zunächst ist also eine Zielklärung angesagt, auch bei ungünstigen Prognosen. Wie sehen die Berufsaussichten tatsächlich aus? Wo ist ein Einstieg ins Berufsleben möglich? Wie wird sich mein Alltag nach dem Examen verändern? Welche Wünsche kann ich mir dann erfüllen? Wenn ein Umzug ansteht, wohin soll er mich führen? Wie soll dann mein Leben aussehen? Forschen Sie nach einem guten Ziel. Es darf ruhig auch ein Fernziel oder eine Vision sein: Selbstständigkeit, Professur, Veröffentlichungen ...

Selbstgesteuertes Lernen

Wer sich zur Abschlussprüfung angemeldet hat, muss häufig »nur« noch lernen. Vorlesungen, Seminare und Trainings brauchen nicht mehr besucht zu werden, man ist scheinfrei. Was tun mit der Freiheit? Ab sofort steuern Sie Ihr Lernen selbst. In vielen Fächern muss bei der Prüfungsanmeldung der Titel der Abschlussarbeit eingetragen werden. Spätestens jetzt treffen Sie die Entscheidung, in welchem Bereich Sie sich spezialisieren. Oftmals steht der Titel der Arbeit später auf dem Zeugnis. Das kann für Bewerbungsgespräche wichtig werden. Auch mit der Auswahl der mündlichen Prüfer und der damit verbundenen thematischen Ausrichtung geben Sie Ihrem Studium in der letzten Phase eine Richtung. Wählen Sie Themen, die Sie interessieren und von denen Sie den Eindruck haben, dass Sie zu ihnen in einem Fachgespräch oder in den Klausuren Stellung beziehen können. Wenn Sie aus irgendeinem Grund zu einem Thema keinen Kontakt finden, eignet es sich nicht für die Prüfung.

Selbst dann, wenn die Themen vorgegeben sind, bestimmen immer noch Sie, wie viel Zeit Sie für welches Unterthema reservieren, mit welchem Kapitel Sie zuerst anfangen und wie Sie Ihre Pausen einteilen.

Die Manieren eines hässlichen Gastes

Mit Ihrer Anmeldung nehmen Sie einen Gast bei sich auf, der Ihnen nicht mehr so schnell von der Seite weichen wird: den Lerndruck. Und der stellt enorme Ansprüche an seinen neuen Gastgeber. Wie gehen Sie am besten mit ihm um? Dem Druck nachgeben und einfach lernen? Aber wie lernt man »einfach«? Viele Studierende haben sich in Seminaren, Übungen und Praktika zwar eine gewisse Lernerfahrung angeeignet, aber reicht das fürs Examen? Ihnen steht nun eine Stoffmenge bevor, die wesentlich umfangreicher ist, als das, was Sie bisher zu lernen gewohnt waren. Statt *beiläufigen* Lernens, wie im Studienalltag, ist *explizites* Lernen angesagt. Das verunsichert viele, denn jetzt stellen sich neue Fragen: Bin ich eigentlich gut im Lernen? Fällt es meinen Kommilitonen womöglich leichter als mir?

Schade, denn die Zweifel an der eigenen Lernfähigkeit sind eine perfide Form der Selbstdemontage. Schließlich beweist unser Gedächtnis permanent, dass es zu Höchstleistungen fähig ist. Bei allem, was Sie tun, ist Ihr Gedächtnis beteiligt, arbeitet reibungslos, diskret und blitzschnell. Hirnforscher können bestätigen, dass das menschliche Gehirn nahezu vollkommene Speicher- und Zugriffssysteme enthält, die zu komplexeren Prozessen fähig sind als die modernsten Computer (Schacter 2001, S. 16 f.). Trauen Sie Ihren grauen Zellen ruhig etwas mehr zu.

Lernen – Umbau statt Anbau

Obwohl unser Gehirn an die alltäglichen Anforderungen des Lebens gut angepasst ist, fällt es uns manchmal schwer, etwas Neues in begrenzter Zeit so zu lernen, dass wir es sicher abrufen können. Das hängt damit zusammen, dass das Lernen kein autonomer Akt ist, der sich unabhängig vom jeweiligen Lebensumfeld abspielt. Lernen vollzieht sich immer auf der Basis des bereits existierenden Vorwissens. Im Lernprozess *vermehrt* sich das Wissen nicht nur (im Sinne einer Faktenaddition), sondern es bekommt auch eine *neue Qualität*. Denn der neue Stoff lockert alte Verknüpfungen und verbindet sich mit ihnen zu einem neuen Wissensmuster. Dieses wiederum ist dazu fähig, neue Informationen aufzunehmen. Beim Lernen bauen wir also nicht einfach an das Vorwissen an, wie man etwa eine Garage an ein Haus baut, wir geben dem ganzen Gebäude eine neue Gestalt.

Je größer das Vorwissen ist, desto mehr Anknüpfungspunkte bietet es, um neuen Lernstoff aufzunehmen. Als

Examenskandidat sind Sie damit gegenüber Studienanfängern im Vorteil. Ihre Erfahrung, und damit Ihr Vorwissen, ist umfangreicher und damit aufnahmefähiger. Wenn Sie sich also fragen, wie Sie für Ihre Prüfung lernen sollen, ist die Antwort aus gedächtnispsychologischer Sicht einfach: Aktivieren Sie Ihr Vorwissen und docken Sie neue Informationen dort an. Wie das funktioniert, erfahren Sie in den nächsten Kapiteln.

Wie es laufen könnte

Plötzlich ertappen Sie sich in folgender Situation: Eines Morgens sitzen Sie an Ihrem Schreibtisch und sortieren Materialien für die Prüfung. Was an dieser unscheinbaren Situation ist so spektakulär? Gleich mehrere Dinge: Sie haben die Initiative übernommen, sind in planmäßige Aktivität vertieft und deshalb vermutlich schon angemeldet. Ihr Vorwissen arbeitet beim Sortieren mit und Sie wissen, auf welches Ziel Sie hinarbeiten. Anders ausgedrückt: Sie haben den ersten Beat der Prüfungsvorbereitung erfolgreich absolviert. Gratulation!

Coach yourself

 Legen Sie eine To-do-Liste für Ihre Anmeldung zur Prüfung an. Sortieren Sie die Punkte nach Prioritäten.

 Lesen Sie die Prüfungsordnung. Enthält sie weitere Punkte für die To-do-Liste?

 Eröffnen Sie einen Prüfungskalender, in dem Sie den Vorbereitungsprozess zeitlich planen können.

 Verabreden Sie sich mit einem Absolventen, der gerade bei »Ihrem« Professor Prüfung gemacht hat. Stellen Sie Ihm mindestens 20 Fragen, damit Sie sich die Prüfungssituation ausmalen können.

 Die Prüfungsfee hat ein Einsehen und kommt auf eine Latte Macchiato vorbei. Was wünschen Sie sich von ihr fürs Examen? Sie haben drei Wünsche frei.

2nd beat: Überblicken

Lieber Draxx,

*ob er Annabel tatsächlich die ganze Zeit „auf den Busen gestarrt"
hat oder vielmehr in die Augen, wie ich vermute, sagt weniger
etwas über ihn aus als über deine Aufmerksamkeit. Annabels ...
nun ... Äußeres scheint dich jedenfalls mächtig beeindruckt zu
haben. Mich dagegen interessiert nur, was Felix sagt und fühlt.
Worüber haben die beiden im „Nachtschalter" geredet? Ihr Austausch von Blicken hat dich nur dann zu interessieren, wenn er
„prüfungsrelevant" werden kann. Im Übrigen habe ich den Eindruck, dass die von dir beschriebene Szene alle Kennzeichen
großer Verliebtheit trägt. Du wirst merken, wenn da „mehr" im
Spiel ist. Deine Beobachtungen bestätigen meinen Verdacht, dass
Felix im Moment nur von seinen Hormonen gesteuert wird.*

*Du schreibst, er habe mit ihr „kurz über die Sprechstunde
gequatscht" und dabei erwähnt, dass in seinem Kopf „das totale
Chaos" herrsche. Warum so vorsichtig? Gib's doch zu: Er hat bei
Annabel seinen Frust rausgelassen. Weshalb erfahre ich von dir
so wenig Details darüber? Nun ja, dass er mit Rohwetters Prüfungsthemen nichts anfangen kann, war zu erwarten. Toxx'
Informationen zufolge kann das niemand, der sich bei ihm prüfen lassen muss. Aber dass sie ihn wieder aufgebaut hat, ist die
eigentliche Katastrophe. Und du hast es nicht verhindert. Warum
konntest du nicht sein Umfeld einbinden und seine Exfreundin an
den Nachbartisch lotsen oder ihn wirklich mal ein bisschen auf
ihren „Busen starren" lassen?! Man könnte fast meinen, dass du
Sympathien für ihn hegst! Ein dir weniger wohl gesonnener Ausbilder würde in deinen Briefen jedenfalls genug Material für eine
Hochverratsanklage finden (keine Sorge, bei mir sind sie in sicheren Händen).*

*Es klingt zwar gut, dass er keinen Anfang findet und immer
nur um den Lernstoff „herumschleicht", aber er hätte gar nicht
dazu kommen dürfen, das gegenüber Annabel zu erwähnen.
Natürlich war das für beide eine Gelegenheit, sich über ihre jeweiligen Prüfungserfahrungen auszutauschen. Da ist es auch kein
großer Trost, dass sie als angehende Medizinerin zur Zeit ganz
anders lernt als er. Deinem Protokoll entnehme ich, dass sie*

*bereits ziemlich prüfungserprobt ist und ihm eine höchst uner-
quickliche Beratung hat angedeihen lassen. Noch etwas: Warum bricht dein Bericht genau dann ab, als sie
wieder zurück im Wohnheim waren? Stimmt es wirklich, dass es
ab dem Moment vor Annabels Zimmertür „nichts Berichtenswer-
tes" mehr gegeben hat? Ist es nicht merkwürdig, dass dich urplötz-
lich die große Eile packt und du just in diesem Moment rasch fort
musst, „um den Gesprächsverlauf zu protokollieren"?! Nein,
mein Lieber. Ich sage dir, was wirklich passiert ist: Als sie angefangen haben, ausführlich zu knutschen, bist du wie ein Prima-
ner mit hochrotem Kopf davongelaufen – und hast damit deinen
nächsten Schnitzer begangen! Statt weiter aufzuschreiben, was
sie noch reden, hast du im entscheidenden Moment den Schwanz
eingezogen (was bei einem Drachen ziemlich würdelos aussieht).
Womöglich hat er nach deiner Flucht entscheidende Hinweise
geliefert, die dir dabei eine Hilfe gewesen wären, auch noch den
letzten ihm verbliebenen Rest an gedanklicher Ordnung zu desta-
bilisieren. Vielleicht hast du ohne ernsthafte Bedrängnis einen
Schlüssel zu seinem Seelenleben aus der Hand gegeben.*

*Damit Felix kein Durchbruch gelingt, musst du jetzt endlich
aktiv werden. Du wirst ihm ab sofort auf Schritt und Tritt folgen.
Notiere dir jedes Gespräch – auch seine Selbstgespräche (dafür
scheint er mir ein wenig anfällig zu sein). Wenn er sich schlafen
legt (auch bei Annabel), gehe alle seine Papiere durch und berichte
mir vom Stand seiner Arbeit. Welche Bücher liest er? Weite dein
Arbeitsfeld auch auf Annabels Zimmer aus: Führt sie ein Tage-
buch? Wie spricht sie zu Freundinnen über ihn? Spricht einer von
beiden im Schlaf? Nichts hilft dir mehr als Träume, denn sie
offenbaren Wünsche und Ängste. Erforsche die Art ihrer Partner-
schaft. Unterstützt sie seine Arbeit? Fühlt er sich bei ihr geborgen,
oder findest du Ansatzmöglichkeiten, ihr Verhältnis auf nonver-
bale Interaktionsebenen zu reduzieren? Nutze alle Informations-
quellen. Melde dich am besten auch bei Squixx, der Annabels
Beratung übernommen hat.*

*Du schreibst auch, dass er völlig in die Illusion vernarrt sei, er
müsse alles zu seinem Thema Publizierte unbedingt gelesen und
verarbeitet haben. Recht so. Wenn er in den Regalen der Biblio-*

thek stöbert, solltest du ihn auf noch unbekannte Bücher hinweisen, die sein Thema in entfernter Weise berühren und weiterführende Literaturhinweise enthalten. Mit etwas Glück und viel Arbeit wirst du es verhindern können, dass er sich eine eigene Struktur macht und Schneisen in die Unübersichtlichkeit seines Themengebietes schlägt. Wie lange kannst du ihn in dieser Phase festhalten?
Eröffne eine zweite Front: Hat Felix' Mutter Annabel bereits kennen gelernt?
Momentan, mein lieber Draxx, scheint mir Annabel eine wirksamere Beraterin für Felix zu sein als du. Lass dir gefälligst etwas einfallen, wie du sie neutralisierst. Sollte sie sich nicht bald als die erhoffte Ablenkung erweisen, musst du sie mit allen Mitteln loswerden.

Dein Pythoxx

P. S.: Es bedarf innerer Zucht und unbestechlicher Härte gegen sich selbst, um in diesem Job bestehen zu können. Ich höre oft Vertreter deiner Generation klagen, es gebe keine Vorbilder mehr, und habe dabei immer den Eindruck, dass sie nur zu faul sind, ihre Augen richtig aufzumachen. Als Leiter der Akademie würde ich mich diesem vernachlässigten Zweig der Schulung mit nimmermüdem Einsatz widmen. Schließlich stinkt der Fisch vom Kopfe her. Wir haben einen Ruf zu verlieren, dem alsbald der Verlust der Disziplin folgen könnte. Mit verheerenden Konsequenzen.

Coaching

Achim ist 26 Jahre alt und steht vor seinen letzten mündlichen Prüfungen im BWL-Studium. Die Diplomarbeit und die Klausuren hat er hinter sich. Seit dem Abitur hat er keine mündliche Prüfung mehr absolviert. Er erinnert sich daran, dass er damals im Fach Biologie einen »Blackout« hatte.

Coach: Danke für die Mail, die Sie mir geschickt haben.

Achim: Ach so, ja. Als ich es letzte Woche endlich geschafft hatte, bei den Profs vorbeizugehen, um mit ihnen über die mündlichen Prüfungen zu sprechen, war ich so froh. Ich musste Ihnen einfach meinen Erfolg mitteilen.

Coach: Dann kann es ja losgehen, mit der Prüfungsvorbereitung.

Achim: Das hab' ich mir auch gedacht. Aber nix war. Meine Arbeitsstörung hat sich wieder gemeldet und ich hab' alles Mögliche gemacht, um nur nicht anzufangen.

Coach: Und mit was haben Sie sich beschäftigt?

Achim: Jetzt lachen Sie bestimmt. Ich habe mein Zimmer aufgeräumt. Nicht einfach so oberflächlich, sondern richtig. Ich hab' sogar noch ein Regal gekauft, um die vielen Bücher der Diplomarbeit unter zu bekommen.

Coach: In ihrem Zimmer ist jetzt Ordnung.

Achim: Ja. Aber ehrlich gesagt, was habe ich davon?! In meinem Kopf ist das totale Chaos. Das blockiert mich total.

Coach: (Schweigen)

Achim: (grinst) Sie meinen sicher, ich soll jetzt auch in meinem Kopf Ordnung schaffen?

Coach: Ja, vielleicht etwas mehr Struktur? Sich erst mal einen Überblick verschaffen?

Achim: Ich weiß nicht. Das Planen und die Beschäftigung mit der Prüfung hält mich doch nur auf. Ich habe meine Pläne noch nie eingehalten. Das Ziel ist eigentlich klar, und was ich zu tun habe auch. Ich muss nur einfach mal anfangen zu lernen, damit ich in der Prüfung den Stoff drauf habe. Und anfangen kann ich nicht, weil wieder diese Lernblockade auftaucht.

Coach: Darauf, dass Sie eine Lernblockade haben, bestehen Sie aber.

Achim: Na hören Sie mal! Ich habe lange gebraucht, um einzusehen, dass mit meinem Arbeitsverhalten etwas nicht stimmt, dass ich eine Arbeitsstörung habe, und Sie wollen mir das jetzt ausreden?

Coach: »Lernblockade« erklärt alles und nichts. Aber unter »Chaos im Kopf« kann etwas verstanden werden. Ich verstehe, dass Sie keinen Anfang finden vor lauter Chaos.

Achim: Und wie finde ich meinen Anfang?

Coach: Sorry, aber diese Frage kann ich nicht für Sie beantworten. Ich kenne weder Ihren Prüfungsstoff, noch Ihren Tagesablauf und Terminplan.

Achim: Sie glauben aber, dass ich einen Anfang finden würde, wenn ich einen Überblick über die Zeit und den Stoff hätte?

Coach: Davon bin ich überzeugt.

Anti-Draxx: Überblicken

Wie anfangen?

»Es gibt ein Ziel, aber keinen Weg; was wir Weg nennen, ist Zögern.« (Kafka 1992, S. 118) Der Akademiker und Dichter Franz Kafka scheint sich seine Erinnerungen an die Examenszeit bewahrt zu haben. Jedenfalls benennt er ein Problem, das viele ratlos macht: Die Reise zum eigenen Examen muss auf einem Weg erfolgen, den es noch gar nicht gibt. Was also tun, wenn die Anmeldung zur Prüfung erfolgt ist? Wie anfangen? Vielleicht doch erst mal in den Urlaub fahren und alles Weitere in Ruhe planen? Schließlich ist der Abgabe- oder Prüfungstermin doch noch sooo weit weg! Dumm nur: Wie lange Sie auch zögern, die Prüfung kommt von selbst auf Sie zu. Erbarmungslos naht der Prüfungstermin – der Konsum von Zigaretten, Wein und Fingernägeln steigt. Je später die Initiative ergriffen wird, desto bedrohlicher wird die Situation erlebt. Was also tun? Erfinden Sie Ihren Prüfungsweg selbst, indem Sie ihn *planen* und schließlich auch *gehen*. Zu langes Hinauszögern der Prüfungsvorbereitung erzeugt nur Angst und belastet die Nerven – Ihre und die Ihrer engsten Freunde. Wer seinen Weg zur Prüfung plant und aktiv gestaltet, setzt mit seiner Initiative der Angst etwas entgegen.

Wo wollen Sie eigentlich hin?

Der Prüfungs*prozess* (von lateinisch »procedere«: voranschreiten) kommt erst durch Planung in Gang. Und Planen heißt: sich einen Überblick über das Ziel verschaffen. Um bei einem Bild zu bleiben: *Über*blick bekommen Sie, wenn Sie einen erhöhten Aussichtspunkt aufsuchen und von dort aus Ihr Ziel anvisieren. Sie sehen, in welcher Richtung es liegt und ob sich schon erste Wegmarkierungen abzeichnen. Wenn Sie dann losgehen, können Sie vermutlich eine neue Erfahrung machen: Sie »wachsen« mit jedem weiteren Schritt – mehr Wissen, mehr Einsicht, Übung im Umgang mit dem Stoff und ein klareres Bild von der Prüfung. Der Überblick zeigt Ihnen, welches Material Sie bereits haben und welche Skripte und Bücher Sie noch benötigen. Auch der Zeitfaktor wird klarer: Sie können nun besser einschätzen, wie viele Arbeitsstunden Ihre Prüfungsvorbereitung benötigt und was sich dadurch an Ihrem Tagesablauf ändern muss. Vielleicht fragen Sie sich auch, wie und wo Sie lernen wollen, denn das kann ganz unterschiedlich aussehen, je nach Thema, Vorwissen und Fragestellung.

Learning by doing

Lernen ist eine komplexe Tätigkeit und umfasst nicht nur Lesen, Verstehen und Einpauken. Wer lernt, tut mehr: Er erarbeitet sich komplexe Zusammenhänge, unterscheidet Wichtiges von Unwichtigem, registriert neue Informationen, wiederholt und so weiter. Je nachdem, welche Lerngewohnheiten Sie haben (oder entwickeln) und was in der Prüfung verlangt ist, wird »das Lernen« für Sie aus einer wechselnden Kombinationen verschiedener Tätigkeiten bestehen. Zum Beispiel: Lesen des Textes – eine Zusammenfassung schreiben – Stichworte und Schlüsselbegriffe auf Karteikarten notieren – Wiederholtes Durchgehen der Karteikarten – sich selbst abfragen, bis der Stoff sicher »sitzt«. In dieser Überblicksphase können Sie sich Ihr Lernprogramm so zusammenstellen, dass Sie damit den Prüfungsstoff gut bewältigen können.

Alleswissenmüsser?

Lernen für die Prüfung ist wie das Aufpusten eines Luftballons. Der erste Luftstoß ist mit dem stärksten Widerstand verbunden. Danach geht es einfacher, bis der Ballon an seine Kapazitätsgrenzen kommt. Jetzt wird es nicht nur schwerer, noch mehr Luft hineinzubekommen, man muss auch ständig aufpassen, dass die Luft nicht wieder entweicht oder das Ding platzt. Sie müssen sich Ihren Atem also gut einteilen. Weil das Lernen harte Arbeit ist, lohnt es sich, vorher genau zu überlegen, in welchem Buch Sie welche Inhalte finden und was aus welchen Lernmedien gelernt werden muss. Erfolgreiches Lernen beginnt also immer mit einer Übersicht über das notwendige Material.

Eine weit verbreitete *Lernerfahrung* möchten wir jetzt schon vorwegnehmen. Dazu kommen wir nochmal auf das eben beschriebene Bild zurück. Ihr Wissen ist wie ein Ballon, der im Raum des Nichtwissens schwebt und durch das Lernen immer größer wird. Die Vergrößerung der Ballonoberfläche hat zur Folge, dass sich auch die Berührungspunkte mit dem Nichtwissen vermehren. Je mehr Sie also wissen, umso mehr Anknüpfungspunkte zu Unbekanntem haben Sie auch. Wer lernt, stößt also ständig auf neue, unbekannte Aspekte – Aspekte, die er kennen sollte? Oder sogar kennen muss?!

Bei dieser Prozedur hängt vieles von einer einzigen Grundfrage ab: Sind die Größe des Raums, in dem Sie sich befinden, und die Menge der Luft endlich oder unendlich? (Mittelstraß 2001, 2003) Welchen Unterschied das macht? Wenn der Raum, also das Fachwissen, endlich ist, besteht die theoretische Möglichkeit, dass er vom Prüfer komplett »beherrscht« wird. Wenn Sie nun Ihrerseits als Prüfling den Ballon aufblasen, wird der zwar mit jedem Luftstoß etwas größer, dabei vergrößert sich aber auch die Berührungsfläche zum vom Prüfer beherrschten restlichen Raum. An einer dieser vielen Stellen könnte der Prüfer – mit spitzen Fragen? – angreifen, auf Lücken stoßen und Ihren Wissensballon zum Platzen bringen.

Aber angenommen, der Raum ist unendlich groß und das Fachwissen prinzipiell unbegrenzt. Würde sich dann nicht die Perspektive grundlegend ändern? Niemand kennt die Grenzen des Wissens. Auch der Prüfer musste seinen Wissensballon durch Lernen füllen. Zugegeben: Sein Ballon ist zwar größer, und er ist auch schon länger mit dem Auffüllen beschäftigt. Aber durch seine enorme Größe hat er noch mehr Berührungspunkte zum Unbekannten als der Ballon des Studenten. Die Vorstellung, dass auch das Wissen des Prüfers wie ein verletzbarer Luftballon im unendlichen Raum des Wissens ist, kann Ihren Prüfungsprozess von Anfang an entlasten. Sie werden in der Prüfung garantiert nicht dem allwissenden Prüfer begegnen. Wer weiß, vielleicht erweitern Sie sogar ein wenig seinen Horizont?

Warum Lernen eine Prima-Sache ist

In den meisten Fächern verfügen Sie bereits über Vorwissen. Und an dieses dockt Ihr Gedächtnis beim Lernen neue Inhalte an. Darüber hinaus tragen Sie wahrscheinlich viel Geprimtes in sich – und wissen es noch nicht mal. Unter *Priming* versteht die Gedächtnisforschung das Wiedererkennen von Reizen, die man zu einem früheren Zeitpunkt unbewusst wahrgenommen hat (Markowitsch 2002, S. 88). Was einmal geprimt wurde, wird leichter erinnert und gelernt. Glauben Sie nicht? Wie wär's mit einem Test? Schnappen Sie sich doch mal Ihre Prüfungsunterlagen (ein Script oder Lehrbuch) und schauen Sie sich eine Klausurfrage (ein Thema oder ein graphisches Modell) an. Nicht fragen! Tun Sie's einfach! Tun Sie's jetzt...! Haben Sie's? Versuchen Sie jetzt mal nur aus Ihrem Vorwissen heraus dazu Stellung zu nehmen. Keine Tricks! Es geht nur um Ihr *Vor*-Wissen! Sagen wir, Sie haben zwei Minuten. Und *los*...! Und? Hat's geklappt? Jede Wette: Ihnen *ist* etwas dazu eingefallen! Nennen Sie diese Übung bitte nicht »Geschwafel« oder »albern« oder so. Es geht um Ihr Vorwissen, Ihre Wissensbasis, die jetzt ausgebaut werden soll. Deshalb: Verschaffen Sie sich nicht nur einen Überblick darüber, was noch vor Ihnen liegt, sondern auch über das, was Sie bereits zu diesem Thema gelernt, geschrieben oder als Referat gehalten haben. Lesen Sie den alten Stoff ruhig noch einmal durch. Vergangene Erfahrungen und vorhandene Kenntnisse beeinflussen das, was wir neu lernen und behalten, weil es hier schon eine Basis gibt, an die Lernprozesse und neue Informationen gut angeschlossen werden können. Das ist nötig, denn das Gedächtnis hat Angst vor völlig Unbekanntem. Das Priming erlaubt es Ihnen, dass Sie Ihr vorhandenes Interesse an einem Thema weiter nutzen können. Die Gedächtnisforschung hat entdeckt, dass die Empfindung von Emotionen wie Begeisterung, Interesse und Faszination sich auf das Lernen auswirkt, weil das Fühlen »mit der Gedächtnisleistung positiv korreliert« (Roth 2003, S. 26). Es wäre schön, wenn wir mit diesem Hinweis Ihre Aufmerksamkeit von der bloßen Menge des Stoffes, den Sie zu bewältigen haben, auch auf die Entdeckung einiger fachlicher Leckerbissen lenken könnten, die darauf warten, von Ihnen aufgespürt zu werden. Denn Lernen ist, wie wir gezeigt haben, immer eine Frage des richtigen Primings. Sie wissen mehr, als Sie wissen.

Wieviel wollen Sie investieren?

Wenn Sie sich einen Überblick über die anstehenden Aufgaben verschaffen, gewinnen Sie Souveränität: Ziel, Zeit und Stoffmenge liegen klarer vor Ihnen. Das kann Ihnen dabei helfen, einen raschen Einstieg in die Prüfungsvorbereitung zu finden. Vielleicht lässt er sich noch einfacher finden, wenn Sie sich den Nutzen Ihrer Arbeit genau vor Augen führen. Vielleicht hilft ein wenig Pragmatismus weiter: *Was* muss ich geben, um *was* dafür zu bekommen? Was ist das Minimum, um relativ komfortabel durch die Prüfung zu kommen? Der Überblick über die anstehenden Arbeiten hilft Ihnen zu entscheiden, was Sie in jede Prüfung investieren möchten. Und dazu müssen Sie abwägen: Ihr bisheriges

Wissen und Können in diesem Fach, den Einfluss der Prüfungsbewertung auf die Abschlussnote, den Umfang und Schwierigkeitsgrad des Stoffes – und nicht zuletzt Ihren eigenen Anspruch an die Note.

Coach yourself

 Legen Sie alle für den Prüfungsstoff relevanten Materialien bereit (Fragenkataloge, alte Klausuren, Mitschriften und weiteres).

 Tragen Sie den Prüfungstermin in Ihren Kalender ein. Erstellen Sie einen ungefähren Zeitplan: Welches Thema bearbeiten Sie an welchen Tagen?

 Notieren Sie Ihre drei gefährlichsten Zeitfresserdrachen auf einem Blatt und hängen Sie es gut sichtbar an Ihrem Arbeitsplatz auf.

 Bringen Sie in Erfahrung, wer die Klausur korrigiert oder die Prüfung abnimmt. Prüfen Sie, ob der Prüfungsstoff Teil des Spezialgebietes des Professors ist und ob er darüber etwas veröffentlicht hat.

 Organisieren Sie eine Lerngruppe, und lassen Sie das erste Treffen an einem Ort stattfinden, an dem Sie einen guten Überblick haben (Aussichtsturm, Hochhaus, Baukran, Hochbett...).

3rd beat: Strukturieren

Lieber Draxx,

es war abzusehen, dass du in dieser Phase nicht mehr an ihn herankommst. Dass die beiden „zusammenkleben wie Teer", liegt nun mal in der Natur der Sache. Lass ihn sich ruhig noch eine Weile lächerlich machen und vor ihr benehmen, als ob er Termiten im Hintern hätte. Sie findet das natürlich süß, und er merkt nicht, dass er sich zum Idioten macht. Bestens – aber nicht wirklich relevant für deine Arbeit. Solange es ihn Zeit kostet, die er nicht am Schreibtisch verbringt, ist es gut. Es hat den angenehmen Nebeneffekt, dass Annabel durch seine Spielereien ihrerseits vom Lernen fürs Physikum abgehalten wird. Zwar bringt dir das keine direkten Vorteile, aber du wirst damit einen Kollegen entlasten, der mit ihr in ähnlich angespannter Lage steckt wie du mit Felix.

Im Übrigen kann man beim Lesen deines Briefes fast den Eindruck gewinnen, dass du eifersüchtig auf sie geworden bist. Wenn es nicht so lächerlich absurd wäre, würde ich dich fragen, welche sonstigen Motive hinter deiner Äußerung stecken, dass du „kein gutes Gefühl" dabei hast, die beiden „so oft zusammen" zu sehen. Nun, ich sehe nicht, was daran schlecht ist. Im Gegenteil, vermutlich ist es zum jetzigen Zeitpunkt sogar besser, wenn du völlig die Finger von ihm lässt und deine Beratung vorerst einstellst. Diese Beziehungsdinge haben ihre eigene Dynamik und entfalten in der Regel nach kurzer Zeit genug Konfliktpotenzial, das unseren Zielen weiter in die Hände spielt. Bleibe dennoch in seiner unmittelbaren Nähe, damit du notfalls wieder eingreifen kannst. Von „gebundenen Klauen" und „tatenlosem Zusehen" würde ich also nicht reden. Ehrlich, es wundert mich, dass du dich mal über mangelnde Arbeit beklagst.

Natürlich trägt das Verhalten der beiden alle Merkmale einer Flucht. Keiner will lernen. Vor allem Felix will sich nicht mit den von Rohwetter diktierten Prüfungsthemen beschäftigen (wie ich aus deiner Auflistung seiner entliehenen Bücher ersehen kann, hat er auch nur zwei brauchbare Titel entdeckt). Daran wird sich so lange nichts ändern, wie du es verstehst, ihn daran zu hindern, die fremden Themen in eigene zu verwandeln. Dein Vorteil:

Solange er nur Augen für Annabel hat, kann er sich auch nicht in sein wissenschaftliches Thema verlieben. Annabel dürfte das recht sein, weil sie nicht um Felix Aufmerksamkeit bangen muss. Und solange ihm sein Lernstoff auch weiterhin nur etwas „Äußeres", Fernes – und damit auch etwas Fremdes – bleibt, hat er nicht Anteil an der Weisheit, die ihn in der Prüfung zum souveränen Umgang mit dem Professor befähigen könnte. Im Augenblick ist es noch so, dass Felix mit seinem Bemühen, eine eigene Struktur in den Wust seines Materials zu bekommen, nicht weit vorangekommen ist. Er lechzt förmlich nach Ablenkung.

Dass die Gespräche mit Annabel über seinen Prüfungsfrust und seine mangelnde „Orientierung" weniger werden, halte ich für ein gutes Zeichen. Es zeigt, dass ihre Beziehung in eine neue Phase tritt. Schließlich waren diese Prüfungsgespräche Teil ihrer Kennenlernphase. Ob Felix sich nicht insgeheim doch wünscht, dass sie sich wieder öfter darüber unterhalten, vermag ich nicht zu sagen, aber ich nehme es an. Vermutlich ahnt er, dass ihn seine unausgesprochene Prüfungsangst isoliert. Je seltener sie über seine Blockaden reden, desto schwieriger wird es ihm fallen, von selbst dieses Thema anzuschneiden. Wie mir scheint, tut er sich jedenfalls sehr schwer damit, seinem Arbeiten eine Struktur zu geben – und damit auch eine Richtung.

Und Annabel hat ihrerseits im Moment kein wirkliches Interesse daran, Felix auch nur für zwei Stunden frei zu geben. Das erleichtert dir natürlich die Arbeit. Lass die beiden umherflattern wie Schmetterlinge, die sich von Blüte zu Blüte bewegen. Solange sie sich rund um die Uhr sehen und nur dem Augenblick leben, laufen sie auch nicht Gefahr, ihren Lebens- und Arbeitsrhythmus zu strukturieren. Bei Annabel freilich ist die Sache etwas anders, da sie mit ihrer Lerngruppe ja bereits von einer institutionalisierten Arbeitsstruktur profitiert, aber bei Felix ist so vieles noch offen. Halte dich bereit, aber lass sie flattern.

Dein Pythoxx

Coaching

Fortführung des Coachinggesprächs mit Achim (aus dem Kapitel »2nd beat«), zwei Wochen später.

Achim: Okay, ich hab' mich jetzt mal an den Überblick gewagt. In meinem neuen Regal, von dem ich Ihnen letztes Mal erzählte, habe ich drei Fächer leergeräumt und alles, was ich zu den Prüfungsthemen gefunden habe, in das jeweilige Fach gelegt. Dann kam der Terminplan dran, in dem ich für jedes Fach drei Wochen eingeplant habe. Jetzt gibt es am Ende noch einen Puffer von drei Wochen vor den Prüfungen.

Coach: Ich gratuliere, das klingt vielversprechend.

Achim: Moment, ich bin ja noch nicht fertig. Dann kam das Wochenende, an dem ich mit dem Kanu-Verein unterwegs war, am Montag musste ich ausschlafen und am Dienstag hab' ich die Sachen aus dem ersten Regal geholt und wollte loslegen.

Coach: Gut.

Achim: Gar nicht gut. Da lag dann das VWL-Lehrbuch, die Skripten aus zwei Semestern, die Aufgabensammlungen aus den Klausuren und 100 Blatt Vorlesungsmitschriften. Wo soll man da anfangen? Ich kann das zwar alles lesen. Aber nach zwei Tagen weiß ich schon gar nicht mehr, was ich gelesen habe.

Coach: Was macht es Ihnen so schwer, sich mit dem Prüfungsstoff zu beschäftigen?

Achim: Ich hab' das Gefühl, der ganze Stoff liegt wie ein Berg vor mir. Rüberklettern geht nicht, weil er zu steil ist. Ich müsste ihn abtragen, aber es ist viel zuviel Geröll für die Zeit, die mir bleibt.

Coach: Welchen Sinn macht es, den Geröllberg zu versetzen?

Achim: Das fragen Sie besser mal die Professorin und nicht mich.

Coach: Ich habe den Eindruck, dass die Volkwirtschaftslehre in Ihren Augen unzusammenhängend, unüberschaubar und ohne Struktur ist. Deshalb können Sie mit ihr so wenig anfangen, und die Beschäftigung mit ihr ist deshalb so nervtötend und wenig motivierend.

Achim: Ja. Das Fachgebiet ist so groß und ich müsste alles wissen, was in den Lehrbüchern steht. Das kann ich mir doch gar nicht alles in die Birne hauen!? Selbst wenn ich alles wüsste, kann mich die Professorin irgendwas fragen, von dem ich noch nie gehört habe.

Coach: Da haben Sie sicher Recht. Deshalb wird Ihnen gar nichts anderes übrig bleiben, als den Stoff selbst neu zu strukturieren, zu gliedern und eigene Schwerpunkte zu setzen.

Achim: Ich sehe gar nicht ein, für diese Prüfung und diese Professorin so viel Zeit zu opfern. Ich weiß, dass viele in dem Fach durchfallen, und ich habe auch Angst davor. Ich will mich aber nicht verrückt machen lassen.

Coach: »Zeit opfern für die Professorin« klingt nicht nach Motivation. Wenn Sie aber den Lernstoff irgendwie unterteilen könnten, wenn Sie Themenbereiche und Fragestellungen unterscheiden und eingrenzen könnten, würden Sie sich auf dem Berg bald etwas sicherer fühlen.

Achim: Da fällt mir ein: Im Vorgespräch hat die Professorin vier Richtungen genannt, in denen sie ihre Fragen stellen wird. Vielleicht sollte ich mir die mal ansehen.

Coach: Das klingt ganz so, als hätte Ihnen die Professorin auf dem »Geröllberg« vier Leinen gespannt, damit Sie sicher hochsteigen können.

Anti-Draxx: Strukturieren

Rezepte gegen Kopfsalat

Achim klagt über die verwirrende und kaum zu bewältigende Menge seines Prüfungsstoffs. Dabei stünden ihm mit den Stichworten »Struktur«, »Gliederung«, »Zeiteinteilung« und »Plan« doch sehr wirksame Instrumente gegen sein Chaos im Kopf zur Verfügung. Was Achim hier als Blockade erlebt, hat seine Ursache in einem verbreiteten Dilemma: Die Prüfungsvorbereitung wird häufig als Wechselspiel zwischen Chaos und Ordnung, Gefühl und Verstand, kreativer Vielfalt und analytischer Engführung empfunden. Dabei werden Ordnung und Systematik sehr schnell zum vermeintlichen Gegner »aufgebaut«, weil sie mit ihren »wissenschaftlichen« Ansprüchen die intuitiven Gefühlsseiten in Frage stellen. Schade eigentlich, denn überschaubare und verlässliche Strukturen können auch ihre guten Seiten haben, indem sie beruhigen und Ängste reduzieren. Sie geben Sicherheit und Halt, das ist gerade in Prüfungszeiten sehr wichtig.

Aber auch ein gut strukturierter Plan kann als einengend und zwanghaft erlebt werden. *Struktur, Rationalität* und *Sachlichkeit* – also das, was als befremdlich abgelehnt wird – sind aber Kennzeichen der Wissenschaft. Zugegeben: Wissenschaftliches Tun ist nur ein *sekundärer* Lebensvollzug und an der Prüfung hängt nicht der Fortbestand Ihres Lebens. Aber auch wenn es »nur« um Ihre berufliche und vielleicht akademische Karriere geht, hängen vom Bestehen der Prüfung doch wichtige weitere Lebensentscheidungen ab.

Wissenschaftlich strukturiertes Denken hat unbestreitbare Vorteile. Mindestens zwei davon sind auch für die Prüfungsvorbereitung nutzbar: Zum einen bewahren wissenschaftliche Systeme Wissen auf und verhindern, dass Erkenntnisse und Entdeckungen wieder in Vergessenheit geraten. Zum andern erleichtert wissenschaftliche Systematik das Wiederauffinden einzelner Daten, Theorien und bestimmter Zusammenhänge. Wissenschaft ist wie eine Landkarte, in der die Einzelheiten eines großen und unüberschaubaren Gebietes eingetragen sind: Jeder, der die Legende zu lesen versteht, kann sich anhand der Karte orientieren.

»Save as …«

Wenn unser Gehirn doch nur eine Festplatte wäre! Wie leicht wäre es, recherchierte Informationen dort abzulegen, um in der Prüfung ganz schnell darauf zugreifen zu können. In einem Punkt ist die Arbeitsweise unseres Gedächtnisses der des Computers tatsächlich sehr ähnlich: Es benötigt ebenfalls »Strukturen«, sonst kann es nicht arbeiten und sich nichts merken.

Versuchen Sie doch mal, sich folgende Zahlen zu merken: 4 – 7 – 1 – 6 – 8 – 9 – 5 – 1 – 3. Jetzt legen Sie bitte das Buch zur Seite. Nehmen Sie Ihr Mobiltelefon, und tippen Sie die Zahlen dort ein.

Haben Sie es geschafft? Dann haben Sie vermutlich die Zahlen gedanklich in Zweier- oder Dreiergruppen eingeteilt. Denn anders ist es dem Kurzzeitgedächtnis kaum möglich, mehr als fünf bis sieben Einzelinformationen zu behalten. Aber selbst bei drei Zahlengruppen wie 471 – 689 – 513 setzt das Kurzzeitgedächtnis so genannte »phonologische Schleifen« (Schacter 2001, S. 77) ein, das heißt, es repetiert die Zahlensequenzen immer wieder.

Wenn wir es mit einem Berg von Einzelinformationen zu tun haben, bilden wir ganz selbstverständlich Relationen oder versuchen, in der Komplexität eine systematische Struktur zu entdecken. Diese Struktur prägen wir uns ein, und daran ist wiederum das Vorwissen beteiligt. Schachmeister erinnern sich an den Stand aller Figuren einer beliebigen Schachpartie, wenn man ihnen das Spielfeld vorher

nur fünf Sekunden lang zeigt. Stellt man die Figuren aber
ganz wahllos auf das Brett, ohne Sinn und Spielbezug, dann
sind ihre Erinnerungsleistungen nicht besser als die von
Nichtschachspielern (Schacter 2001, S. 85). Dieses Phänomen zeigt, dass es sehr einfach ist, neue Informationen aufzunehmen, wenn man sie mit bereits vertrauten Strukturen
verbinden kann.

Es hängt aber nicht alles nur vom Vorwissen ab. Wenn
etwa das zu lernende Material bereits eine deutlich erkennbare Struktur aufweist, auf die man selbst oder durch andere
aufmerksam geworden ist, so ist das Aufnehmen, Behalten
und Erinnern auch dann möglich, wenn man *nicht* auf vorhandenes Wissen zurückgreifen kann (Bredenkamp 1998,
S. 66 f.).

Gedächtnis und Struktur stehen in einem engen Wech-
selverhältnis. Zum einen versucht unser Bewusstsein, der
Umwelt mit Hilfe des Gedächtnisses eine Ordnung aufzuer-
legen (Schacter 2001, S. 91), damit es sich in ihr orientieren
kann. Zum anderen begünstigt die Strukturierung des Lern-
materials die Verarbeitungsprozesse im Gedächtnis (Bredenkamp 1998, S. 80). Wenn wir lernen, lernen wir Strukturen.
Deshalb ist es so wichtig, dass wir die Phase der Strukturierung in die Prüfungsvorbereitung einfügen und nicht sofort
anfangen, planlos im Lehrbuch oder im Skript herumzu-
lesen.

»Sie befinden sich hier → ·«

Lernen, Merken und Erinnern kann Ihnen dann gelingen,
wenn Sie den Lernstoff zuvor gliedern. Das ist prinzipiell auf
zwei Arten möglich: Sie können zunächst die Systematik des
Faches erforschen und sie in Gliederungen, Plänen und
Strukturbäumen visuell darstellen. Wenn der angehende
Jurist herausgefunden hat, wie beispielsweise das juristische
Wissen generell aufgebaut ist, oder wenn der Medizinstu-
dent das Zusammenwirken der medizinischen Fachgebiete

und deren Randwissenschaften für sich erklären kann, hat er bereits eine »Landkarte« gefunden, an der er sich in der Prüfungsvorbereitung orientieren kann. Die gefundene Struktur kann dann zur eigenen werden. Sie wartet nur noch darauf, mit Daten und Fakten gefüllt zu werden.

Der zweite Weg besteht darin, sich eine eigene Themenstruktur zu schaffen. Dies ist möglich in Fächern, in denen Sie Ihre Prüfungsthemen nach Absprache selbst wählen können. Entscheiden Sie selbst, wie Sie das Thema abgrenzen und entwickeln. Aber auch bei vorgegebenen Stoffmengen kann eine eigenständige Strukturierung sinnvoll sein. Vielleicht beginnen Sie mit den Gebieten, die Sie in den letzten beiden Semestern in einer Veranstaltung noch nicht behandelt haben. Oder Sie fangen mit den Themen an, die Ihnen schon relativ bekannt sind. Oder Sie lernen als Mediziner die Anatomie systematisch vom Kopf bis zum Fuß oder von außen nach innen. Jedes Fach hat seine bevorzugten Gliederungstechniken: induktive (vom Konkreten zum Allgemeinen), deduktive (vom Allgemeinen zum Konkreten) oder chronologische (am Zeitverlauf entlang). Immer geht es dabei um die Begrenzung der Informationsmenge und um das Erstellen geordneter Einheiten, die das Gehirn verarbeiten kann.

Die Cluster-Technik und das Mindmapping sind zwei Studientechniken, die eine Form des Lernens unterstützen, die immer gezielt nach Strukturen sucht. Beim *Clustering* schreiben Sie ein Stichwort in die Mitte eines Blattes und kreisen es ein. Alle weiteren Einfälle werden um dieses Kernwort gruppiert, ebenfalls eingekreist und mit Linien verbunden. So entstehen Assoziationsketten (von Werder u. a. 2001, S. 38). Beim *Mindmapping* werden Haupt- und Nebenäste, die vom zentralen Thema ausgehen, mit senkrechten Großbuchstaben beschriftet. Die Äste verzweigen sich, werden farblich gestaltet und mit Symbolen versehen. So entsteht ein Gesamtbild des Themas, das trotz komplexer Vernetzung lineare Strukturen entlang der Äste besitzt (Buzan u. a. 2002).

Wer diese Methoden anwendet, profitiert doppelt: Das Clustern und Mindmappen hilft zum einen, den zu lernenden Stoff zu ordnen, gleichzeitig aktivieren diese Techniken die im Gehirn bereits vorhandenen Schemata des Gedächtnisses, an die sich die neue Information einfach angliedern kann.

Tagespläne brauchen Pflichtverteidiger

Struktur gibt dem Lernen eine Richtung. Sie hilft, das Thema in einem überschaubaren Rahmen zu entfalten, und macht es handhabbar. Aus der Struktur des Themas kann sich jetzt der erste Zeitplan ergeben. Weil Sie nun wissen, mit welchen Themengebieten Sie sich für die Prüfung beschäftigen müssen und wie sie aufgebaut sind, fällt es Ihnen jetzt vermutlich auch leichter, einen Arbeitsplan zu entwickeln. Ihr Zeitplan wird sich durch die Beantwortung der folgenden Fragen konkretisieren: Für welche Gebiete brauche ich wie lange? Wann schließe ich das eine Thema ab, wann beginne ich das nächste? Wenn Sie bei der zeitlichen Gliederung zugleich auch Etappenziele formulieren, ist das sehr günstig für Ihre Arbeitsmotivation. Es tut einfach gut, wenn man auf dem Weg zum großen Ziel »Examen« immer wieder »messbare« Wegstrecken zurücklegt und viele Zwischenziele erreicht.

Nach einer ersten Zeiteinteilung können die einzelnen Etappenziele detaillierter ausgearbeitet werden. Dabei spielen Wochen- und Tagesziele eine wichtige Rolle. Zeitpläne müssen sich einspielen. Die ersten Wochenpläne funktionieren nur selten. Sie sind meistens nicht konkret genug oder überfordern den Lernenden. Dennoch lohnt es sich, mit einem Plan zu arbeiten – allein schon deshalb, weil Sie im Laufe des Vorbereitungsprozesses schwarz auf weiß sehen können, wie weit Sie gekommen sind und was Sie schon alles hinter sich haben.

»8.00 Uhr: Croissants, 8.30 Uhr: Cross-Marketing …«

»Was für ein Tag! Erst die Sprechstunde, wo ich 45 Minuten vor der Tür warten musste, um dann fünf Minuten mit dem Prof reden zu können. Dann dringende Einkäufe und anschließend fünf Stunden jobben. Und zuletzt noch der Stretchingkurs im Fitnessstudio – den lass ich nicht ausfallen, dafür hab' ich schließlich bezahlt! Jetzt ist es 22.30 Uhr, ich bin platt, und was ist mal wieder hinten runtergefallen? Klar, das Lernen. Scheiße!« Viele Prüfungskandidaten beschweren sich, dass sie kaum etwas für die Prüfung tun konnten, weil so viele Termine dazwischen geraten sind. In der Tat bleibt den wenigsten neben ihren Grundverpflichtungen auch noch Zeit für viele Stunden Arbeit am Prüfungsthema. Die erste Funktion eines Zeitplans ist es deshalb, dafür zu sorgen, dass im Tagesablauf Freiräume für die Examensvorbereitung entstehen. Aus diesem Grund muss ein Zeitplan die *gesamte* zur Verfügung stehende Zeit in den Blick nehmen. Denn um feste Arbeitszeiten installieren zu können, müssen Gewohnheiten verändert, Termine verschoben und neue Prioritäten gesetzt werden.

Einen guten Zeitplan erkennt man daran, dass er nicht mit Arbeitsstunden zugepflastert wurde. Er koordiniert Prozesse und Ziele – auch die ganz alltäglichen des Gelderwerbs und der Freizeit. Er fördert die Motivation, weil er »Belohnungen« konkret mit einplant und darauf achtet, dass Entspannung, Bewegung und Hobbys nicht zu kurz kommen. Ein Beispiel: Weil sie ihre Lieblingsserie nachmittags nicht verpassen wollte, besorgte sich eine Studentin einen Videorekorder, zeichnete die Serie auf und belohnte sich damit am Abend im Fernsehsessel.

Die Zeit läuft – wohin Sie wollen

Wann lerne ich was? Womit beschäftige ich mich besser morgens, wenn ich fit bin, was kann ich abends noch lernen? Wann lese ich diesen schwierigen Text? Wann sind die Vokabeln dran? Ein guter Zeitplan hilft dabei, die Arbeitszeiten auch inhaltlich zu strukturieren und optimal zu nutzen. Gute Zeitpläne sind immer individuell und flexibel. Sie verändern sich ständig, müssen immer wieder Ihren veränderten Bedürfnissen neu angepasst werden. Ihr Zeitplan wächst mit Ihnen mit. Probieren Sie's aus. Meistens lässt sich das Arbeitspensum langsam von drei auf fünf Stunden oder von sechs auf acht Stunden erhöhen. Oder es verändert sich Ihr Lesetempo: von anfangs acht Seiten pro Stunde auf 15 Seiten. Vielleicht können Sie jetzt auch beim zweiten Durchgang durch die Karteikarten Zeit einsparen.

Andererseits sollte immer Reservezeit eingeplant werden. Wenn nach der Bearbeitungs- und der Wiederholungsphase immer noch eine Woche unverplanter Zeit übrig ist, beruhigt das sehr. Eine Grippe ist dann keine Katastrophe mehr und zwei weniger effektive Tage können ausgeglichen werden. Es kann sogar ein spannender Anreiz werden, die nicht benötigten Zeitpuffer komplett in Freizeit umzuwandeln. Vielleicht noch ein Kurzurlaub zwischendurch...?! Wie auch immer: Sie sind der Manager Ihres Vorbereitungsprozesses. Machen Sie doch mit Ihrer gewonnen Zeit, was Sie *wollen*.

Eine Prüfung kommt selten allein

Wenn mehrere Prüfungen anstehen, ist Ihr Organisationstalent besonders gefragt, denn Sie müssen entscheiden, wie Sie anfangen wollen: Beschäftigen Sie sich jeweils nur mit *einer* Prüfung und mit *einem* Stoffgebiet? Oder fangen Sie vielleicht besser mit der letzten Prüfung zuerst an, arbeiten sich also »von hinten nach vorne«? Sie könnten aber auch zuerst mit dem Stoff anfangen, der Ihnen besonders liegt, damit Ihnen der Lerneinstieg leichter fällt. Welche Reihenfolge Sie wählen, bleibt Ihnen überlassen. Wichtig ist nur, dass Sie sich eine Strategie überlegen und diese konsequent verfolgen. Wenn Sie sich an den hier modellhaft dargestellten Phasen des Vorbereitungsprozesses orientieren, besteht auch die Möglichkeit, sich auf mehrere Prüfungen parallel vorzubereiten. Sie kombinieren zum Beispiel die Bearbeitungsphase des einen Stoffes mit der Wiederholungsphase des anderen: vormittags das Skript der zweiten Prüfung bearbeiten und nachmittags oder abends die Karteikarten der ersten Prüfung lernen. Wichtig ist dabei, dass für jede Prüfung ein Überblick erstellt wurde (siehe Kapitel »2nd beat«), denn erst dadurch können Sie feststellen, wie viel Arbeit und Zeit Sie in jede Prüfung investieren wollen.

Zum Casting in die Sprechstunde

Bei der Strukturierung des Themas, des Prüfungsprozesses und der Zeit sollten Sie den Kontakt zum Prüfer nicht aus den Augen verlieren. In manchen Fachgebieten kann es sinnvoll sein, in bestimmten Phasen einen Besuch in der Sprechstunde einzuplanen, zum Beispiel um die Literaturauswahl mit dem Professor abzugleichen oder die Gliederung des Themas vorab zu präsentieren. Jeder Kontakt mit dem Prüfer, bei dem es um prüfungsrelevante Fragen geht, findet bereits im Beziehungsgeflecht des Prüfungsdreiecks statt und wirkt damit auf die Prüfung. Die letzten Sprechstunden sind wie ein kostenloses Probeabo, bei dem Sie schon mal testen können, wie es Ihnen im Umgang mit dem »Produkt« (Prüfer, Raum, Thema...) geht. Fühlt es sich gut an? Lassen Sie sich drauf ein? Was stimmt noch nicht? Nicht zu vergessen: Sie präsentieren sich bereits mit Ihrem Thema. Eigentlich eine riesige Chance, so eine Probe für den Ernstfall, oder?

Coach yourself

 Malen Sie eine Landkarte Ihres Fachgebietes, mit Feldern, Grenzen, Straßen und Flüssen. Buntstifte sind ausdrücklich erwünscht!

 Gliedern Sie den Prüfungsstoff in verschiedene Bereiche oder Kapitel, und formulieren Sie spontan zu jedem Kapitel fünf zentrale Fragen.

 Formulieren Sie mehrere Etappenziele und legen Sie fest, wann Sie sie erreichen wollen. Notieren Sie im Zeitplan auch die Belohnung, die Sie nach jeder Etappe erwartet!

 Bauen Sie eine Pufferzeit von mehreren Tagen in Ihren Zeitplan ein.

 Überlegen Sie sich ein Kochrezept, das in besonderer Weise mit Ihrem Thema zusammenhängt. Laden Sie Freunde ein, und präsentieren Sie Ihnen Ihr Themengericht. Wahlweise können Sie Ihren Gästen auch einen Themen-Cocktail aus erlesenen Ingredienzien des Prüfungsstoffes zusammenmixen. Wohl bekomm's!

4th beat: Bearbeiten

Lieber Draxx,

dein Eifer in allen Ehren, aber ich versichere dir, der große Knall wäre auch ohne dein Zutun gekommen. Über kurz oder lang kippt die große Nähe bei ihnen immer in eine plötzliche Angst vor dem Identitätsverlust um. Was mir zu schaffen macht, ist der hohe Preis, zu dem du den Konflikt erkauft hast. Du hast viel gewagt, und es ist zum jetzigen Zeitpunkt noch nicht absehbar, ob deine Drohung mit der anstehenden mündlichen Prüfung wirklich den erhofften Effekt haben wird. Sicher, das offizielle Schreiben, mit dem Rohwetter ihn noch einmal zu sich in die Sprechstunde zitiert, macht etwas her, es scheint im ersten Moment auch die entsprechende Wirkung bei Felix gehabt zu haben. Trotzdem: Du lenkst damit völlig unbedrängt seine Aufmerksamkeit wieder zurück auf ein Gebiet, das alles verträgt, nur nicht seine Fürsorge. Jetzt hast du ihn vor eine Entscheidung gestellt. Er ist nun gezwungen, sich entweder radikal zu disziplinieren und an den Schreibtisch zurückzukehren oder gleich einzupacken. Clever scheint mir dein Manöver im Augenblick nicht zu sein.

Sein pauschaler Vorwurf gegen Annabel, dass sie sich nicht wirklich für seine Probleme interessiere, war natürlich eine „Provokation", aber was sagt das schon?! Vor allem war es ein Hilferuf. Das habt ihr beide nicht begriffen. Ich vermute aber, dass Annabel zumindest instinktiv verstanden hat, worum es eigentlich ging. Wir müssen bei ihr mit einer Reaktion rechnen, und ich kann nicht einschätzen, was sie unternehmen wird. Sie ist vermutlich keine von denen, die auf gekränkten Stolz mit Kontaktabbruch reagieren. Ihre Hartnäckigkeit ist kein gutes Zeichen, mein Lieber. Auch wenn im Moment Funkstille herrscht, wirst du dich wohl auf einen neuen Frontabschnitt einstellen müssen.

Du schreibst, Felix habe sich „für den Moment" in die Deutsche Bibliothek zurückgezogen, um Annabel möglichst nicht im Wohnheim zu begegnen. Das ist natürlich eine Katastrophe. Du glaubst doch nicht im Ernst, dass er dort Stunde um Stunde seine Zeit absitzt und Däumchen dreht, bis er sich nachts wieder unbemerkt in sein Zimmer zurück schleichen kann. Schon mal was von Mobiltelefonen und SMS gehört? Ich gehe jede Wette ein, dass sich die beiden fortwährend Nachrichten schicken. Der Konflikt geht weiter und wird, vermutlich völlig unbeeinflusst von dir, wieder in ruhigere Fahrwasser zurückkehren.

Wenn es dir nicht gelingt, ihren Informationsfluss zu kontrollieren, hast du in Kürze einen Examenskandidaten, der sich an einem ruhigen Plätzchen hervorragend auf seine Prüfung vorbereiten kann. Zu Hause hat er sich nur allzu gerne ablenken lassen. In der Bibliothek fallen jedoch all die kleinen, hilfreichen Reize weg, mit denen du sonst seine Aufmerksamkeit dressieren konntest wie den Pawlowschen Hund. Er ist nun gänzlich auf seinen Stoff geworfen – und auf sich selbst. Das ist Risiko und Chance zugleich. Die Chance besteht darin, dass er im Lesesaal vor seinen Ängsten nicht fliehen kann und sich von ihnen so überrollen lässt, dass er zu keiner dauerhaften Konzentration fähig ist. Vielleicht trifft er die Entscheidung, ins Wohnheim zurückzukehren, und damit an den Schreibtisch, was dir wieder alle Möglichkeiten bietet, seine Aufmerksamkeit zu zerstreuen oder ihm Annabel über den Weg zu schicken. Zum Risiko: Er „liest augenblicklich nur", schreibst du. Ist das wirklich so harmlos, wie es klingen soll? Was ist, wenn er sich bei der Lektüre Notizen macht? Hat er sich vielleicht gar einen Stapel mit Karteikarten angelegt und repetiert bereits in aller Ruhe den Stoff? Und was ist mit Rohwetter und der Sprechstunde in zwei Wochen? Felix wird die Ruhe nutzen und sich gründlich darauf vorbereiten, wenn du nichts unternimmst. Es ist keine gute Konstellation, die du herbeigeführt hast. Die Stiche, die du ihm versetzen wolltest, scheint er nur allzu gut parieren zu können. Deine Impulse werden allesamt neutralisiert.

Es zeigt sich mal wieder, dass der enorme Mangel an Erfahrung durch nichts zu kompensieren ist. Übung und Geduld sowie die Bereitschaft, den Erfolg in kleinen Schritten zu erzwingen, sind die einzigen Wege, es langfristig zur Meisterschaft zu bringen. Aber die junge Generation will schnelle Erfolge sehen – und reißt damit statt des Klienten sich selbst in den Abgrund. Jeder ist für sein Schicksal selbst verantwortlich, mein Bester, drücke ich mich deutlich genug aus?

Deine nächsten Schritte sollten jetzt klar sein. Wie ist die aktuelle Lage: Schweift er beim Arbeiten gerne ab, oder hat er seine Gefühle im Griff? Hat er feste Arbeitszeiten eingerichtet und in der Bibliothek einen festen Ort gefunden, der ihm Struktur gibt und an dem er gut arbeitet? Kannst du ihn in die Nähe einer Frau lotsen, die Annabel zumindest ähnlich sieht? Wie willst du den Konflikt am Laufen halten?

Dein Pythoxx

Coaching

Elena ist 29 Jahre alt. Nach einer Ausbildung als Versicherungskauffrau studiert sie seit zehn Semestern Psychologie. Ihre Diplomarbeit hat sie vor drei Wochen abgegeben. Jetzt bereitet sie sich auf drei mündliche Prüfungen vor.

Elena: Guten Morgen, ich glaub', ich bin mal wieder zu spät.

Coach: Guten Morgen. Es ist 9.31 Uhr, Sie sind ziemlich pünktlich.

Elena: Ich bin total unzufrieden mit mir. Vor mir liegen die drei Bücher, die ich durcharbeiten muss, und ich fühle mich wie in der zweiten Klasse, als ich mit dem Finger gelesen habe und für eine Seite eine viertel Stunde brauchte. Wenn das so weiter geht, schaffe ich es nie bis zur Prüfung.

Coach: Sie sind unzufrieden mit Ihrem Lesetempo.

Elena: Ansonsten lese ich schnell. Am Wochenende habe ich einen Donna-Leon-Krimi in einem Rutsch gelesen. Aber bei Piaget, Lichtenberg und Bruner komme ich mir vor wie eine Analphabetin.

Coach: Haben Sie schon vorher mal etwas mit den drei Autoren zu tun gehabt?

Elena: Nein, bisher habe ich zur Sprachentwicklung der Kinder noch nichts gelesen. So wie die schreiben, ist das für mich wie eine Fremdsprache – eigentlich wie drei Fremdsprachen.

Coach: Wenn Sie sagen, dass wissenschaftliche Sprachsysteme wie Fremdsprachen sind, die man erst lernen muss, dann haben Sie wahrscheinlich etwas ganz Wichtiges entdeckt.

Jedenfalls brauchen Sie sich nicht mehr wie ein Kind zu fühlen, das noch nicht richtig lesen kann.

Elena: Ist das nicht unfair? Da schreiben diese Wissenschaftler drauf los, und eine Psychologiestudentin im zehnten Semester hat Probleme zu folgen? Dabei ist es bei Piaget noch gar nicht mal so schlimm. Ein Freund von mir studiert Philosophie, da verstehe ich überhaupt kein Wort.

Coach: Sie haben sich das Thema Sprachentwicklung selbst gewählt.

Elena: Ich wusste ja nicht, dass ich den ganzen Piaget durchkauen muss.

Coach: Das klingt nicht sehr appetitlich. Vielleicht machen Sie bei den Kleinkindforschern momentan auch einen Spracherwerbsprozess durch?

Elena: Vielleicht. Ich gebe dem Piaget jetzt noch zwei Tage. Wenn ich dann immer noch nichts verstehe, schmeiße ich die Bücher in die Ecke und lade mir die Zusammenfassung seiner Sprachentwicklungstheorie aus dem Internet runter.

Coach: Eine drastische, aber verständliche Drohung.

Anti-Draxx: Bearbeiten

Lernen als Sprachreise

Wer möglichst schnell eine neue Sprache lernen möchte, geht am besten für eine Weile in das betreffende Land und erlebt dort die Sprache im Kontext des Alltags. Viel schwerer ist es, eine Sprache mittels zweisprachiger Vokabellisten und Grammatikregeln zu lernen. Der wohl aussichtsloseste Weg besteht darin, die fremden Worte ohne Übersetzung auswendig zu lernen. Genau diesen letzten Weg wählen viele Prüfungskandidaten bei ihrer Vorbereitung. Sie lernen die Daten, Formeln und Theorien auswendig und wundern sich, dass sie nicht dauerhaft im Gedächtnis bleiben. Dabei lernt unser Gedächtnis die Dinge am leichtesten, die es versteht.

In der hier beschriebenen vierten Phase des Prüfungsprozesses geht es deshalb zunächst nur um das Verstehen. Beschäftigen Sie sich mit dem Prüfungsstoff, setzen Sie sich mit ihm auseinander. Nehmen Sie Kontakt mit ihm auf, als ob Sie sich im Ausland auf eine neue Sprache einlassen müssten. Es braucht jetzt noch nichts »gelernt« zu werden – umso besser, wenn trotzdem etwas hängen bleibt. Wenn Sie jetzt lesen, kommt es noch nicht darauf an, alles zu behalten. Versuchen Sie zunächst nur, die Zusammenhänge zu verstehen. Wenn Sie rechnen müssen, dann geht es jetzt nicht so sehr um ein schnelles und korrektes Ergebnis, sondern um den übersichtlichsten Lösungsweg. Dass Sie den Stoff verstanden haben, werden Sie schließlich daran erkennen, dass Sie auch mit Nichtfachleuten über ihn sprechen können. Dann werden Sie vermutlich auch feststellen, dass sich die Bandbreite Ihres Vokabulars erweitert hat. Anders gesagt: erst dann, wenn ich komplexe Sachverhalte in eigenen Worten ausdrücken kann, beherrsche ich sie. Dann ist es auch kein Problem, Fragen zum Thema zu beantworten. Was ich verstanden habe, ist Teil meines Wissens geworden.

Vom Teil zum Ganzen

Mit der Strukturierung des Lernstoffes haben Sie Ihr Vorwissen bereits aktiviert. Das wird Ihnen auch dabei helfen, die neuen Informationen auf ihre Wichtigkeit und Bedeutung hin zu untersuchen. Wenn Sie den neuen Stoff nun bearbeiten, kann er sich mit Ihrem Vorwissen verbinden. Das klingt zunächst sehr einfach, aber das Verarbeiten und Integrieren der neuen Informationen ist in Wirklichkeit harte Arbeit. Manchmal treten zwischen dem Neuen und dem Bekannten große Lücken auf, die ausgefüllt werden müssen. Dann fühlt man sich schnell so, als würde man vor einem Puzzle mit 5 000 Teilen sitzen: Irgendwie muss alles zusammenpassen, aber wie? Und so sucht man, bis das noch fehlende Verbindungsstück gefunden ist. Wenn die neue Information schließlich mit dem Vorwissen verbunden werden kann, verändert sich gleichzeitig das gesamte bisherige Wissen. Es nimmt nicht nur mengenmäßig zu, sondern verändert sich auch qualitativ. Jetzt ist aus den Bruchstücken eine ganzheitliche Repräsentation im Gedächtnis geworden. Denn das Gedächtnis behält sich nur das, was es versteht. »Elaborierte Kodierung« nennt die Gedächtnisforschung diesen komplexen Ablauf des Lernens (Schacter 2001, S. 81).

Die Zeit richtig einschätzen

Reicht überhaupt die Zeit für eine angemessene Bearbeitung des Themas? Lohnt es sich jetzt noch, tief in den Fachdiskurs einzusteigen? Sollte man stattdessen nicht sofort mit dem Wiederholen des Stoffes beginnen?

Aber mit *welchem* Stoff? Mit den Mitschriften aus den Lehrveranstaltungen? In ihnen steckt wahrscheinlich viel Bekanntes. Leider gibt es aber nicht so etwas wie ein verbrieftes Recht darauf, dass im Examen nur das geprüft wird, was auch in den Lehrveranstaltungen behandelt wurde. Und automatisch von einem generellen Goodwill-Verhalten der Prüfer auszugehen, ist zumindest fahrlässig. Also gehen Sie sicherheitshalber davon aus, dass es nicht ausreicht, nur die alten Mitschriften zu wiederholen. Sie müssen wohl oder übel das Thema neu aufbereiten und es sich aus Skripten, Lehrbüchern und Fachartikeln neu aneignen. Je tiefer man in ein Thema einsteigt, desto mehr Fragen und interessante Zusammenhänge tauchen auf. Es bleibt also nur, sich einzuschränken, auszuwählen, zu entscheiden, auf welcher Ebene und wie weit das Thema behandelt werden soll. Dies jedoch sind Aufgaben der vorangegangenen Vorbereitungsphase, des Strukturierens. Wenn die Arbeitsstruktur, die Sie sich selbst erstellt haben, nicht hilfreich ist, müssen Sie vielleicht einen Schritt zurückgehen, einen neuen Plan entwickeln: Was kann wie und in welcher Zeit bearbeitet werden, damit es für eine gute Note in der Prüfung reicht?

Warum Malbücher die besten Bücher sind

Wenn Studierende etwas bearbeiten, dann lesen sie meistens. Und wenn Studierende lesen, dann sind sie fast immer unzufrieden, entweder weil es mit dem Lesen zu langsam geht oder weil sie sich sagen: Das vergesse ich ja sowieso gleich wieder. Das Schlimme daran ist: Sie haben recht. Wer nur liest, verschwendet Zeit und Energie.

Wissenschaftliches Lesen wird beharrlich mit dem rein unterhaltenden Lesen verwechselt (von Werder 1995, S. 13) – und das frustriert. Lese ich einen Roman, dann brauche ich keine »Hilfsmittel« dafür (außer einer Brille vielleicht). Ich fange vorne an, ohne spezielle Vorbereitung. Ich lese alles nur einmal. Wenn mich etwas am Text stört, überlege ich mir, ob ich das Buch in die Ecke feuere oder mich bis zur nächsten spannenden Stelle durchquäle. Wenn ich *Michel in der Suppenschüssel* durch habe und sofort ein ausführliches Exzerpt anfertige, bin ich entweder Kinderbuchforscher oder habe einen Sprung in jener besagten Schüssel.

»Wissenschaftliche« Leseverwertung macht jedenfalls nur im passenden Kontext Sinn.

»Wissenschaftliches Lesen« unterscheidet sich in allen genannten Punkten und ist genau genommen eine sehr freundliche Formulierung für: »Fachbücher benutzen«. Fachbücher müssen »gefleddert« werden, das heißt, man durchforstet sie nach Material für die eigene Fragestellung. Deshalb ist es sinnvoll, eine Lesevorbereitung einzuplanen, sich zunächst also einen Überblick zu verschaffen, mit welchem Text man es zu tun hat (Aufbau, Genre und so fort). Beim Lesen sollte man sich Hilfsmittel zum Markieren bereit legen (Stifte, Marker, Klebezettel). Oft macht dann das Exzerpieren einen weiteren Lesedurchgang notwendig. In einer Lesenachbereitung kann schließlich der Leseerfolg kontrolliert werden. Der letzte Schritt ist die Leseverwertung. Sie dient dazu, die für die Prüfung relevanten Zusammenhänge in eine schriftliche Form zu bringen, so dass sie in der abschließenden Wiederholungsphase bequem repetiert werden können.

Fragen, die Ihr Lesen verändern können

Die bekannteste Methode des wissenschaftlichen Lesens ist die ME-Methode (Markieren-Exzerpieren) (von Werder 1995, S. 31). In vielen Studienfächern empfiehlt es sich aber, differenziertere Lesetechniken anzuwenden, die den Leser auffordern, zunächst selbst Fragen zu formulieren, die durch das anschließende Lesen beantwortet werden sollen (zum Beispiel die SQ3R-Methode. Werder 1995, S 32). Diese Techniken unterstützen die Vorstellung, dass Examenskandidaten in ihren Abschlussprüfungen keine Textinhalte stur wiederholen, sondern eigenständig Gedanken und Anwendungen formulieren sollen.

Prüfungsvorbereitung ist in manchen Fächern vergleichbar mit einem wissenschaftlichen Forschungsprozess, der Aufschluss zu bestimmten Fragestellungen geben soll. Wenn es in der Vorbereitung ganz gezielt um die Beantwortung einer Frage beziehungsweise darum geht, für eine These in der Sekundärliteratur Unterstützung zu finden, werde ich anders mit der Fachliteratur umgehen, als wenn ich mich unverbindlich in ein Thema einlese. In der Prüfung könnte es sonst leicht passieren, dass ich von der Formel, die ich gelesen habe, weiß, sie aber nicht wiedergeben kann. Um mich an die neue Formel erinnern und sie anwenden zu können, muss ich sie vorher schon mal »ausprobiert« haben. Wenn ich mit ihr also schon ein paar harte Kopfnüsse geknackt habe, bin ich gut vorbereitet.

Ihr Ausschnitt vom »Ganzen«

Am Ende der Bearbeitungsphase haben Sie es geschafft, den komplexen Prüfungsstoff auf wesentliche Aussagen zu reduzieren. Vor Ihnen liegt nun die systematische Verschriftlichung der für die Prüfung relevanten Zusammenhänge: ein persönliches Exzerpt, ein Konzentrat des Stoffes, das im günstigsten Fall Lehrbücher und Skripten für den weiteren Prüfungsvorbereitungsprozess ersetzt. Wenn Ihre Vorbereitung nach Plan verlaufen ist, wird der Umfang Ihres Exzerpts deutlich geringer sein als die Summe der von Ihnen benutzten Skripte und Lehrbücher. Das Exzerpt ist also die Zwischenstation zwischen »komplettem« Lehrtext und Ihrer persönlichen »Im-Kopf«-Version. Es ist eine Leseverwertung und zugleich der Beleg dafür, dass Sie die Zusammenhänge verstanden haben. Das Material wurde von Ihnen umgewandelt, und das hinterlässt bereits Spuren im Gedächtnis.

Ihr Exzerpt ist wie eine Stichwortliste für einen Vortrag: Alles, was Sie vom Thema verstanden haben und was Sie mit ihm verbinden, hat sich an die einzelnen Notizen geheftet. Darum zählt nun auch nicht mehr die Form Ihrer schriftlichen Zusammenfassung, sondern einzig, dass Sie diese angefertigt haben. Selbst entwickelte und geschriebene Karteikartensysteme sind darum effektiver als gekaufte (Metzig/Schuster 2003, S. 137). Ihr Exzerpt dokumentiert letztlich Ihre persönliche Entwicklung. Es geht um *Ihr* Zwischenergebnis, *Ihre* Auswahl, *Ihre* Wortwahl, vielleicht sogar um *Ihre* Schrift. Die schriftliche Zusammenfassung fördert das Erinnerungsvermögen, weil das Gehirn die geschriebenen und gesprochenen Informationen an jeweils unterschiedlichen Orten und in verschiedener Weise verarbeitet und abruft (Schacter 2001, S. 111). Die Inhalte Ihres Exzerpts werden doppelt kodiert sein, wenn Sie sie *schriftlich* zusammengefasst und *mündlich* wiederholt haben. In der Prüfung können Sie dann das Gelernte sicherer aufrufen, weil die Informationen doppelt verankert sind. Die Abrufreize können Sie also auf *verschiedenen* Wegen erreichen. Sie werden sich vielleicht besser daran erinnern, was Sie dazu aufgeschrieben haben oder es kommt Ihnen in den Sinn, was Sie sich halblaut beim Einprägen des Skriptes vorgesagt haben.

Wissenschaft zum Vergnügen?

Wundern Sie sich nicht manchmal, dass Sie sich abseitige Details, die Ihr Hobby betreffen, völlig problemlos und dauerhaft merken können? Und dass sich Inhalte aus Ihrem Studienfach dagegen auch nach vier- oder fünfmaliger Wiederholung standhaft Ihrem Gedächtnis verweigern? Die Aneignung eines neuen Themas hängt sehr von der Mobilisierung des eigenen Interesses ab. Wenn ein guter persönlicher Kontakt zum Thema gefunden wurde, macht Studieren, Lernen und wissenschaftliches Lesen in dieser Phase plötzlich Spaß. Für die individuelle Gedächtnisleistung ist das optimal. In der Bearbeitungsphase brauchen Sie – wie gesagt – noch nichts zu lernen. Sie ist nach den drei vorbereitenden Schritten (Anmelden, Überblicken und Strukturieren) zwar die eigentliche, zentrale Lernphase, aber das Beste daran ist, dass Ihre Kenntnisse wie von selbst wachsen. Sie lösen vielleicht schon ein paar Aufgaben alter Klausuren, aber nur um in Übung zu bleiben oder zu testen, ob darin Inhalte gefragt sind, die noch nicht in Ihrem Exzerpt stehen. Viele Prüfungskandidaten erleben diese Prüfungsvorbereitungsphase sogar als angenehm.

Wie man sich für Themen interessiert, die keinen interessieren

Man kann sich aber natürlich nicht zu jedem Sachverhalt ein gesteigertes Interesse einreden. Allerdings ist es sehr wohl möglich, nach der Relevanz der jeweils zu lernenden Information zu fragen: Was kann ich mit der Information anfangen, wo werde ich sie einsetzen, welche Probleme kann ich mit ihr lösen? Ein Kriterium für Wissenschaftlichkeit ist der Nutzen der jeweiligen Aussage (Eco 1988, S. 39 ff.). Beim Lernen *nicht* nach der Relevanz zu fragen, wäre demnach nicht nur gedächtnisbehindernd, sondern in gewisser Weise auch unwissenschaftlich. An der Frage nach der Relevanz hängt aber auch wieder die Frage nach der persönlichen Bedeutung. Themen, denen ich eine fachliche Relevanz zuzuweisen vermag, erlangen eine persönliche Bedeutung für mich, wie groß auch immer sie sein mag. In jedem Fall wird es mir mit einer persönlichen Bedeutungsverknüpfung leichter fallen, im Prüfungsgespräch die gefragten Inhalte abzurufen.

Quark zum Nachdenken

Gedächtnisforscher haben herausgefunden, dass die Erinnerungsfähigkeit ihrer Probanden gesteigert werden kann, wenn man ihnen beim Lernen Orientierungsaufgaben stellt. Bei einem Versuch etwa, in dem es darum ging, sich Worte einzuprägen, wurde vorher zur Aufgabe gemacht, alle Vokale in den Worten zu zählen. Die Ergebnisse zeigten, dass die Gedächtnisleistung besser ist, wenn mit Orientierungsfragen gelernt wird, die zum Nachdenken über die Bedeutung der Worte auffordern (Schacter 2001, S. 78). Das führt uns zu einer praktischen Übung: Welche Orientierungsaufgabe stellen Sie sich für die nächste Lerneinheit? Wenn Sie keine finden, dann nehmen Sie doch die Frage, die Ihnen in letzter Zeit bestimmt schon so oder in anderer Form durch den Kopf gegangen ist: »Was soll ich mit dem ganzen... Quark?« Stellen Sie sich diese Frage vor jedem Arbeitsschritt oder zu jedem neuen Kapitel. Schreiben Sie die Antworten in Ihr Exzerpt. So können Sie dem Quark sogar noch einen Sinn geben.

Coach yourself

 Kennzeichnen Sie die »weißen Flecken« Ihres Prüfungsstoffes und legen Sie fest, wann Sie die noch unbekannten Gebiete erobern wollen.

 Erkundigen Sie sich nach typischen Prüfungsfragen und nach dem Notenspektrum der prüfenden Person.

 Formulieren Sie zu Ihren Themen drei eigene Prüfungsfragen. Finden Sie Antworten, die Sie mindestens mit »gut« bewerten würden.

 Sprechen Sie mit jemandem außerhalb Ihres Fachgebietes über das Thema. (Können Sie sich verständlich machen?)

 Stellen Sie sich vor, Sie bekommen ein Flugticket geschenkt und dürfen an einen Ort Ihrer Wahl reisen, an dem Sie sich mit voller Aufmerksamkeit Ihrem Lernstoff widmen können. Wohin geht die Reise? Warum gerade dorthin?

5th beat: Wiederholen

Der folgende Brief ist nur fragmentarisch überliefert. An zwei Stellen weist er größere Textverluste durch Brandlöcher auf. Wo es möglich war, haben wir Satz- und Wortteile aus dem Kontext rekonstruiert und die Ergänzungen kenntlich gemacht. Textstellen, die im Original unrettbar verloren sind, haben wir auch in der Transkription offen gelassen.

Du D[epp(?)],

mir fehlen d[ie] W[orte] [ang]esichts deiner eselhaften Groß-[mäuligkeit(??)]. Dass es sich in Wahrheit um r[ohe(?)] [D]umm[heit] handelt, wie ich nicht ohne Bedauern feststellen muss, die dich zu deinem Verhalten geführt hat, macht die Sache nicht entschuldbarer. Wie ahnungslos Du in die Falle getappt bist, erfüllt mich mit Wut und [Scham(??)] [angesicht(?)]s der Tatsache, [dass] ich nun mal dein Ausbilder bin. Auch

Und ich weiß jetzt schon, w[???]

Du auch diesen Brief mit [erschüt]terter Rat[losigke]it

[aber zum] wievielten Male eigentlich? Ich kann dein Gej[am]mere, dass du mit [nichts(?)] davon [gerechnet(?)] hast, nicht mehr lesen. Die eigenen Fehler [das Wort „Fehler" mit einer energischen Durchstreichung von fremder Hand, aber noch lesbar, Anm. d. Verf.] darf man nicht immer nur wortreich beklagen,

man muss sie irgendwann eben auch mal abstellen! So, wie d[ein(?)]

Als ich die[sen] Brief zum ersten Mal las,
    [mit] Gefühle[n] [konfronti(?)]ert, die [ich(?)] zuletzt
        [...???]en Ausbildungszeit erlebt [habe(?)]. Ich hätte deinen Brief am liebsten augenblicklich verbrannt, stellvertretend gewissermaßen – aber ich h[???]

                                                    wären. Aber es hilft ja alles nichts!

[D]enn was du in deinem Brie[ff] [al]s die Vorboten des sicheren Sieges preist, ist in Wahrheit ein deutliches Zeichen deiner sich abz[eichnenden(?)] [eigenen(???)] [Nieder]lage. Wie willst du das Steuer jetzt eigentlich noch herumreiß[en]?! Ich glau[be], es   [dein(?)]   [Mau]lheldentum, das m[ir] [sch]wer zu[setzt?].

Wie kannst du so sicher sein, dass Felix tatsächlich „das völlig falsche Thema" vorbereitet?! Dass er von Annabels Freundin Verena die beiden Bücher in der Bibliothek „zugesteckt" bekommen hat, ist noch kein Anlass, in Triumphgeheul auszubrechen. Hast du denn mal überprüft, ob es wirklich die „völlig falschen" sind? Dass du sie nicht auf Rohwetters Literaturliste finden konntest, ist kein Kunststück, dort findet sich überhaupt kein Buch, das nach 1989 erschienen ist! Dass du dich mit der biogenetischen Materie seines Prüfungsstoffes nicht auskennst, will ich dir nicht direkt vorhalten, aber du musst in der Lage sein, dich so weit in den Stoff zu vertiefen, dass du beurteilen kannst, ob diese neuen Bücher gefährlich sind oder nicht!

Deine Mutmaßung, Annabel habe sich für Felix' Vorwürfe an ihm rächen wollen und ihm deshalb über Verena diese „Finte gelegt", ist mir zu voreilig. Du hast schon Recht mit deiner feixenden Vermutung, „da läuft einer straight in die Hölle!" – und zwar du. *Ich verrate dir, was sich wirklich zugetragen hat: Unbemerkt hat er zwei Themen bearbeitet, zwei eigene – er ist dabei, einen eigenen Zugang zum Prüfungsthema zu finden (was ihn völlig unberechenbar macht, weil wir nun seine Waffe nicht kennen), und er hat in Rohwetters Verhalten seinen Vaterkonflikt wiedererkannt und diesen mit Hilfe Annabels bearbeitet. Wie das, wirst du wieder wissen wollen.* Ganz einfach: Annabels Frage, warum er sich denn nicht auf Rohwetters Themen einlassen könne, hat bei Felix eine innere Auseinandersetzung in Gang gesetzt.

Nach der anfänglichen Kränkung, die er sich aus dem offenen Konflikt mit Annabel zuzog, weil er ihre Solidarität für aufgekündigt hielt, hat er nun zum Vertrauen zurück gefunden; vor allem, weil sie ihm heimlich die Bücher zukommen ließ, die Rohwetter bezwingen können. Damit hat sie Felix signalisiert, dass sie sehr wohl noch zu ihm hält.

Das erklärt auch die von dir registrierte „merkwürdige Ruhe", mit der Felix nun in der Bibliothek sitzt und seinen vorbereiteten Stoff repetiert. Dass dich das nicht irritiert hat?! Verstehst du: Er muss gar nicht mehr lesen, er fasst das Gelernte einfach in eigene Worte – und ist präpariert!!! Annabel hat ihm das Gegengift geliefert, mit dem er Rohwetter – und damit dich – zur Strecke bringen kann!

Wenn jemandem in der Akademie deine systemzersetzende Gedankenlosigkeit auffallen würde… Du schreist geradezu nach Bestrafung.

Pythoxx

Coaching

Nadine hat sich viel vorgenommen. Die 24-jährige Jurastudentin ist im neunten Semester und will ohne das übliche Repetitorium ihr Examen machen. Etwa drei Monate vor den Klausuren taucht im Coaching ein neues Bild der Prüfung auf.

Nadine: Im Moment hab' ich einen echten Durchhänger. Ich sitze stundenlang am Schreibtisch, arbeite alte Klausuren durch und weiß nicht, ob das alles überhaupt was bringt.

Coach: Was soll es denn bringen?

Nadine: Ich will mir das, was ich durcharbeite und wiederhole, auch merken können. Ich will die Sicherheit haben, dass ich am Ende jedes mögliche Klausurthema beherrsche. Die Prüfung ist im Moment wie ein Nachtflug für mich. Überall sehe ich Lichter und einzelne Umrisse, aber nur vage, und ich versuche verzweifelt zu erkennen, wo ich bin, ob die Richtung stimmt, wo mein Landeplatz ist.

Coach: Nachtflug ohne Orientierung klingt gefährlich. Bei dieser Vorstellung habe ich auch ein mulmiges Gefühl. Das Bild kann aber auch eine Antwort darauf geben, was die Prüfungsvorbereitung bringen soll.

Nadine: Na schön, aber wie trainiert man den Nachtflug? Ich kann nicht jede mögliche Route vorher abfliegen, auf jedem Flugplatz probelanden. Dafür bräuchte ich Jahre. Und zwischendurch ändern sich die Städte, Orte und Landeplätze.

Coach: Das stimmt. Aber es ist auch so, dass jede Flugstunde in der Nacht die Sicherheit der Pilotin trainiert. Die Lichtmuster der Städte bei Nacht prägen sich ein. Die Fähigkeit, im Dunkeln zu sehen, nimmt zu.

Nadine: Dann wäre es jetzt wichtig, Land- und Lichtmarken zu lernen, um sie später wiederzuerkennen, wenn man in ihrer Nähe fliegt.

Coach: Wenn die Klausuren Nachtflugübungen über bekanntem und unbekanntem Gebiet sind – und vieles spricht dafür, dass dies ein hilfreiches Bild sein kann –, dann können Sie sich dementsprechend darauf vorbereiten.

Nadine: Im Strafrecht kann ich mich schon ganz gut orientieren, glaube ich. Was mir noch ziemlich fremd ist, ist das öffentliche Recht. Da kann ich nur beten, dass die Themen in der Klausur in der Nähe der Hauptflugroute liegen.

Coach: Wie viel Zeit können Sie sich für dieses Fach nehmen, um sich auch rechts und links der Hauptstrecke noch etwas zu orientieren?

Nadine: Ich werde mir die alten Klausurthemen vornehmen, vielleicht kann ich dann einschätzen, auf welche Route ich mich im öffentlichen Recht einstellen kann.

Anti-Draxx: Wiederholen

Kurzzeit ohne Gedächtnis

Kurz vor der Prüfung noch ganz viel Stoff in den Kopf kloppen und dann hoffen, dass er drei Tage drin bleibt – so sieht Plan B vieler Studierender fürs Examen aus. Sie lassen sich damit auf ein Abenteuer mit völlig ungewissem Ausgang ein. Mit dem Glauben ans Kurzzeitgedächtnis halten sie an einem hartnäckigen Mythos fest. Zwar ist das so genannte Kurzzeitgedächtnis tatsächlich ein effektives Arbeitswerkzeug, aber es kann sich nur wenige Informationen behalten – und diese höchstens ein paar Minuten lang (Markowitsch 2002, S. 85). Nach dem Blick ins Lehrbuch eine kleine Pause, ein rasches Telefonat oder ein kurzer Blick in die Zeitung – und schon ist das Arbeitsgedächtnis wieder randvoll mit neuen Informationen. Die Folge: Der Lernstoff, der nicht irgendwie ins Langzeitgedächtnis gewandert war, ist wieder verschwunden. Natürlich gibt es die Erfahrung, dass manches auch einen Tag später noch relativ präsent ist. Aber das liegt daran, dass man sich immer an das zuletzt Gelernte am besten erinnern kann. Auch die Vorstellung, beim Wiederholen könnte man den Stoff »fotografieren« und wie ein Bild an einem bestimmten Ort im Gehirn speichern, ist wahrscheinlich in der Prüfungsdrachenschule entstanden, jedenfalls führt sie nur zu unbrauchbaren Ergebnissen. Erinnerungen sind eben nicht einfache Bilder oder gar Datenbits, mit denen man sich den Kopf füllen kann und die an einer bestimmten Stelle des Gehirns gelagert werden. Es verhält sich anders: In *verschiedenen* Teilen des Gehirns werden *verschiedene* Aspekte einer Information oder eines Erlebnisses aufbewahrt und durch ein spezielles System miteinander verbunden, das tief in den inneren Strukturen unseres Gehirns verankert ist (Schacter 2001, S. 28). In der Wiederholungsphase geschieht im Gedächtnis also prinzipiell das Gleiche wie in der Bearbeitungsphase: Die neuen Informationen werden mit dem bisherigen Vorwissen zuverlässig verknüpft. Nadine lernt deshalb für die Klausur wie für einen Nachtflug. Sie schaut sich die Hauptmerkmale ihres Themas immer wieder an, um sie auch im Dunklen wiederzuentdecken und sich daran orientieren zu können.

Wiederholen – die Erinnerungsspur vertiefen

Lernen – Behalten – Vergessen, das sind leider die häufigsten Grunddisziplinen im akademischen Triathlon der Examensphase. Das Wort »Vergessen« durch »Anwenden« zu ersetzen bleibt für viele Studierende ein ebenso krampfhaft wie erfolglos angestrebtes Ziel. Da hilft es auch nicht viel, sich vor den Prüfungen mit dem Phänomen des Vergessens zu beschäftigen, denn was bedeutet »Vergessen«? Verblasst das Gewusste einfach nach ein paar Tagen? Und warum? Auch über die Ursachen des Vergessens lässt sich nur spekulieren. Vielleicht hat der vergessene Lernstoff zu wenig Entfaltungsmöglichkeiten bekommen? Oder zu wenig Aufmerksamkeit? Oder wurde er in seiner Tragweite noch nicht erfasst, weil die Stoffmenge einfach zu groß war? Dann können die Inhalte aber auch nicht »vergessen« worden sein, weil sie noch nie richtig »drin« waren. Über das Vergessen lässt sich viel mutmaßen. Vielleicht ist es hilfreicher, wenn wir uns mehr dem »Behalten« zuwenden.

Wenn Sie sich in dieser Phase das Exzerpt vornehmen und es mehrmals durchgehen, wird sich der Lernstoff mit Ihrem Wissen verknüpfen. Dieser recht komplizierte Prozess lässt sich mit der Kristallbildung vergleichen. Ein Kristall bildet sich in einer geeigneten Flüssigkeit, wenn die Lösungsmoleküle durch Zirkulationsprozesse immer wieder angeschwemmt werden. Das dauert seine Zeit. Der Kristall kann nur wachsen, wenn die neuen Teile zu seiner Struktur passen und wenn sie in sein Gitternetz übernommen werden. Ähnliches geschieht beim Wiederholen des Lernstoffes: Jeder Durchgang bringt Bekanntes und Unbekanntes miteinander in Kontakt, so dass neue und komplexere Gedächtnismuster entstehen. Das Wiederholen hat aber noch einen weiteren positiven Effekt: Das Fachwissen, das als Engramm in unserem Gehirn bereits seine Spuren hinterlassen hatte, vertieft sich mehr und mehr mit jeder Anwendung in der Wiederholungsphase.

Die Weisheit der Archivare

Wiederholen kann aber auch tückisch sein. Sehr schnell kommt man in die Versuchung, den bereits gelernten Stoff immer wieder durchzugehen, um zu prüfen, ob er wirklich »noch da« ist. Häufig endet das in einer zwanghaften Endlosschleife. Dahinter steckt ein verständlicher, aber verzweifelter Kontrollwunsch. Man kann plötzlich nicht mehr darauf vertrauen, dass der größte Teil des Gelernten bereits im Netzwerk des Gedächtnisses vorliegt. Aber das ist ja der Fall. Man braucht das Wissen bei Bedarf nur ins Bewusstsein zu rufen. Ein ökonomisches Wiederholungsverhalten fördert das Vertrauen in die eigenen Fähigkeiten. Anders gesagt: Weil ich weiß, dass ich mich immer nur mit einem oder zwei Aktenordnern zur gleichen Zeit beschäftigen kann, widme ich ihnen meine ganze Aufmerksamkeit. Als mittlerweile geübter Archivar weiß ich ja, dass alle anderen Ordner im Archiv liegen, auf das ich jederzeit Zugriff habe. Ich könnte nun ständig panisch rumlaufen und nachsehen, ob ich sie noch alle habe, aber wenn ich das täte, müsste ich mich wirklich fragen: Hab' ich sie noch alle?! Wäre es nicht sinnvoller, wenn ich mich darin einübe, die richtigen Ordner schnell herbeizuschaffen? Dieser letzte Aspekt wäre jedenfalls ein angemessenes Ziel für die Wiederholungsphase. Vieles hängt davon ab, ob Sie Ihrem Gedächtnis trauen. Und natürlich sich selbst als Archivar.

Lernen für die Generalprobe

Die Begriffe »Wiederholen« und »Auswendiglernen« lassen sich leicht verwechseln. Angenommen, Sie haben bis zur Klausur oder mündlichen Prüfung noch sieben Tage Zeit. Vor Ihnen liegt Ihr Exzerpt in Form von Karteikarten, handschriftlichen Aufzeichnungen oder Computerausdrucken. Ihr Ziel ist es, diesen Stoff bis dahin präsent zu haben. Wie gehen Sie vor? Wie motivieren Sie sich zum Lernen? Viele Studierende probieren es mit Sätzen, die ebenso autoritär wie hilflos klingen: »Los jetzt, merk dir das gefälligst mal!« Die Gedächtnisforschung hat herausgefunden, dass ein Befehl der Art »Versuchen Sie, sich das Wort einzuprägen!« keine Verbesserung der Gedächtnisleistung bringt (Schacter 2001, S. 80). Dagegen begünstigt die Absicht, das Gelernte zu einem festgelegten Zeitpunkt anderen vorzutragen, den Lernprozess schon eher. Es wäre demnach also konstruktiver, sich beim Wiederholen zu sagen: »Wie erkläre ich das, was ich hier vor mir habe, dem Prof?« Am einfachsten erinnern wir uns aber an das, was für uns persönlich bedeutsam ist und was wir wirklich verstanden haben. Optimal ist es deshalb, wenn man Fragen wie diese immer im Hinterkopf hat: »Was ist mir hiervon wichtig? Was kann ich damit anfangen?« Am effektivsten ist ein aktives Wiederholen, bei dem in den Inhalten des eigenen Exzerpts weiterhin nach Strukturen und Bedeutungsverknüpfungen gesucht wird.

Das können Sie haken

Vieles von dem, was Sie in Ihr Exzerpt übertragen haben, ist Ihnen vermutlich schon bekannt. Deshalb ist es sinnvoll, zunächst mal alles Bekannte mit einem hellen Marker anzustreichen. Das hilft Ihnen dabei, das Gewusste mühelos wiederzuerkennen. Viele merken erst an diesem Punkt ihrer Vorbereitung, dass sie doch schon eine Menge wissen. Danach muss nur noch das Nichtmarkierte Stück für Stück angeeignet werden, damit es ebenfalls abgehakt werden kann. Diese reduktive Methode hat einen großen Vorteil: Das Lernen hat ein definitives Ende. Nämlich dann, wenn ich am letzten Tag die letzten zehn Karteikarten oder die letzte Seite meines Exzerptes gelernt habe. Ich kann mit der Vorstellung in die Prüfung gehen: Ich habe den Stoff bearbeitet, ich habe ihn zusammengefasst. und ich habe einmal alles gewusst. Diese Selbstvergewisserung ist sehr entlastend. Sie wird Ihnen den Gang in die Prüfung leichter machen.

Vom Teil zum Ganzen

Puzzeln beruhigt – wenn man sich mit Geduld und ohne Zeitdruck ans Zusammensetzen der Einzelteile macht. Mit der Wiederholungsphase in der Prüfungsvorbereitung ist es ganz ähnlich. Sie arbeiten am Gesamtbild Ihres jeweiligen Themas – und das kann sehr befriedigend sein. Wirklich. Die immer wiederkehrende Beschäftigung mit dem Stoff, das Durchstreichen, Unterstreichen, Herausschreiben, Zusammenfassen, Visualisieren in Grafiken, kurz: die ganze Palette kreativer Lerntätigkeiten holt die noch nicht eingefügten Puzzelteile immer wieder vor Augen und damit ins Bewusstsein.

Wie bei einem 10 000-Teile-Puzzle werden auch hier die »Teile« immer weniger, weil jeder angefügte Teil zu einer höheren Übersichtlichkeit der übrig gebliebenen Stücke führt. Immer mehr relevante Inhalte werden in das Gesamtmuster eingesetzt, das in den vorangegangenen Phasen entwickelt wurde. Das eigene Bild des Prüfungsstoffes wird dadurch vervollständigt – genau wie das Puzzle. Es bekommt mehr Einzelheiten und wird konkreter.

Aber nicht nur das Wissen verändert sich durch diese Prozesse, auch das Denken wird durch die stärkere Kategorisierung der Informationen prägnanter. Weil die Welt, die ich in meinem Kopf durchs Lernen konstruiere, immer kohärenter, geordneter und durchschaubarer wird, finde ich mich darin auch besser zurecht.

Die eigenen Grenzen kennen

Haben Sie schon mal acht Stunden ohne Pause gepuzzelt? Wenn ja, dann haben Sie Ihre Schäden mittlerweile hoffentlich wieder im Griff. Acht Stunden Qualitätsarbeit unter höchster Konzentration, noch dazu ohne Pause, Tag für Tag, auch wochenends – was hierzulande arbeitsrechtlich verboten ist –, das erwarten viele Studierende von ihrer eigenen Lernleistung. Und zwar aus dem Stand. Was aber bringen diese grausamen Ansprüche?

In der Wiederholungsphase arbeitet Ihr Gehirn mit voller Leistung daran, die vielen Informationen im Gedächtnis sicher zu verankern. Das ist über mehrere Tage hin aber nur möglich, wenn Sie ihm auch Pausen gönnen. Wie viele und in welchem Rhythmus? Dafür gibt es kein Patentrezept. Sie lernen ja – obwohl es manchmal anders scheint – keine bloßen Abbildungen, Sätze oder Worte. Ihre Erinnerungen bestehen aus Begriffen, die – wie das Wort sagt –»begriffen« wurden. Neue Erfahrungen drängen darauf, sich aktiv in das Netzwerk Ihres Gedächtnisses einzubinden. Intensives Lernen versetzt einen manchmal sogar regelrecht in einen Rausch. Gerade dann, wenn es gut läuft, werden die Pausen vergessen. Je nachdem wie und was Sie lernen, kann es sinnvoll sein, nach einer halben oder erst nach zwei Stunden eine Pause einzulegen. Aber denken Sie dran: Wer viel leisten will, muss auch viele Pausen machen.

Beim Fensterputzen Kant durchschaut

Ihr Gehirn arbeitet auch dann noch weiter, wenn Sie bereits relaxen. Die letzten Informationen suchen sich noch ihren Platz, wenn Sie schon am Kühlschrank stehen oder vor die Haustür treten. Wie füllt man seine Pausen am sinnvollsten und unterstützt damit die Verarbeitung des Gelernten? Eine Faustregel besagt: Bewegung statt kognitiver Leistung. Ein Spaziergang im Park, bei dem jeweils einige Karteikarten zum Einsatz kommen, unterstützt das Lernen und kann gut in das Tagespensum eingebaut werden. Jogger berichten, dass sie sich durch das Laufen nicht nur abreagieren, sondern damit auch die Probleme und Fragen des Prüfungsstoffes in Bewegung setzen und sie laufend verarbeiten. Rasenmähen, Fensterputzen, Rosenschneiden, Fahrradreparieren, Bügeln, Kochen ... sind weitere Bewegungsmöglichkeiten, bei denen das zuvor Gelernte noch mitgetragen wird und sich allmählich »setzen« kann. Nach einer halben Stunde kann nachgeladen werden, dann sind die nächsten 25 Karteikarten dran.

Nicht selten werden die größten Kopfnüsse in Pausen geknackt. Wer dagegen aber seine Pausen füllt, indem er ins Internet geht oder seinen Krimi weiterliest, klinkt sich aus dem Prüfungsprozess komplett aus. Das ist nicht zu empfehlen, weil durch diese Tätigkeiten wieder so viele neue Eindrücke verarbeitet werden müssen, dass sich das zuvor Gelernte gedanklich nicht einbinden kann.

Gemischte Kost gegen gemischte Gefühle

Wenn Sie sich auf die Prüfungen vorbereiten, brauchen Sie dringend Abwechslung. Lassen Sie sich doch zwischendurch einfach mal abfragen, oder beschäftigen Sie sich in der zweiten Tageshälfte mit dem Stoff einer anderen Prüfung. Dabei sollten Sie allerdings darauf achten, auch mal die Lernform zu wechseln. Nicht empfehlenswert ist es, vormittags und nachmittags den Stoff für zwei Prüfungen zu *wiederholen*. Günstiger ist es, eine Wiederholungs- und eine Bearbeitungsphase zu kombinieren.

Spätestens jetzt kommt Ihr Vorbereitungsprozess in die »heiße Phase«. Die Prüfung rückt näher, die Schwächelphasen werden häufiger und die engsten Freunde gehen in Deckung. Bei vielen Kandidaten schlägt die Unzufriedenheit in wüste Selbstbeschimpfungen um: »Ich hab' viel zu wenig gemacht! Ich hab' zu spät angefangen! Ich bin zu dumm, zu langsam...« Sie schlüpfen in die Rolle des Prüfers und fällen bereits vor der Prüfung ein vernichtendes Urteil über sich selbst. Damit haben sie ihren Ort im Prüfungsdreieck verlassen. Sie sind nicht mehr auf der Kandidatenseite, sondern springen auf die Seite des Prüfers. Hier ist Vorsicht geboten, denn die Prüfung droht zu kippen, wenn Sie Ihr Urteil über sich selbst nicht relativieren können.

Bleiben Sie sich treu

Es bringt nichts, den Blick ständig auf die eigenen Defizite zu richten. Damit setzen Sie sich nur permanent dem eigenen Negativurteil aus.»Konstruktiv« geht anders: Geben Sie weiter Ihr Bestes, und überlassen Sie das Bewerten den Prüfern. Belohnen Sie sich für gute Lerntage. Aber bestrafen Sie sich nicht für schlechte. Halten Sie gerade jetzt an Freizeitaktivitäten fest und treffen Sie sich mit Menschen, die Ihnen gut tun. Sie sollten sich auch viel Zeit zum Schlafen nehmen. Schlafen ist keine verlorene Zeit. Schlafen fördert die Gedächtnisleistung, weil sich das Gehirn im ruhigen, tiefen Schlaf selbst»füttert«. Zwischen verschiedenen Hirnregionen werden Informationen und Signale ausgetauscht, die zur Festigung Ihres Wissens führen (Markowitsch 2002, S. 117). Vom Lernen zu träumen ist deshalb auch ein gutes Zeichen.

Wenn am Ende der Wiederholungsphase dann das letzte Puzzelstück eingesetzt wurde und das Themenbild»vollständig« ist, kann die Prüfung kommen. Fast jedenfalls. Eine Vorbereitungsphase fehlt noch. Und in ihr entscheidet sich einiges.

Coach yourself

 Vergewissern Sie sich, dass der Stoff, den Sie jetzt lernen wollen, gut aufgearbeitet ist, das heißt, in knapper, überschaubarer und vollständiger Form vor Ihnen liegt.

 Haken Sie beim nächsten Wiederholungsdurchgang das ab, was Ihnen bekannt ist.

 Kennzeichnen Sie alles, was sich Ihrem Gedächtnis widersetzt.

 Setzen Sie sich ein Tagespensum (zum Beispiel 30 Karteikarten sicher beherrschen). Belohnen Sie sich anschließend: Erst dann, wenn Sie die Tagesaufgabe erfüllt haben, dürfen Sie wieder den Knopf irgendeines elektronischen Gerätes drücken.

 Wie buchstabieren Sie Pause? (Wofür steht jeder einzelne Buchstabe?)

 Was hat Ihr Lernstoff mit Ihrem Vermieter zu tun? Finden Sie mehr als drei Antworten?

6th beat: Präsentieren

Lieber Draxx,

immer mit der Ruhe. Vergiss nicht, es ist kaltes Blut, das durch unsere Adern fließt. Ich bedauere natürlich den Vorgang sehr, auch wenn er für mich nicht völlig überraschend kommt – insbesondere nach deinem letzten Manöver. Natürlich verstehe ich deine Aufregung, aber ich kann dir versichern, dass ich mit der „Durchsuchung" nichts zu tun habe. Weder habe ich sie veranlasst, noch wusste ich, dass sie geplant war. Was genau haben die Beamten denn gesucht? Haben sie irgendetwas gesagt oder gar mitgenommen, Aufzeichnungen vielleicht? Überprüfe das doch bitte und teile es mir bald mit.

Ich fürchte, es ist nötig, noch ein paar deutliche Worte zu deiner „Randbemerkung" zu machen: Deine Mutmaßung, dass unser hochgeschätzter Akademiedirektor über „gute Kontakte zum Ministerium" verfügt, ist eine dummdreiste Unterstellung, deren Frechheit in keinem Verhältnis zu deiner eigenen prekären Situation steht. Keine Ahnung, woher du diese Idee hast. Ich verstehe ehrlich gesagt auch nicht ganz, was du mir da zwischen den Zeilen unterstellen willst, mein Bester, aber du solltest vielleicht nicht all zu sehr von deinen eigenen Fehlern ablenken. Die Hand, die dich füttert, könnte sich nämlich rasch zurückziehen, wenn sie unbedacht versengt wird. Wir verstehen uns?!

Im Übrigen sei versichert, dass diese „Durchsuchungen", wie du es in deiner aufgewühlten Verfassung nennst, routinemäßig verlaufen. Ich habe mich soeben darüber informiert. Sie kommen zuweilen in allen Teilen der staatlichen Institutionen vor. Nichts, was dich beunruhigen sollte. Vor vielen Jahren, zu Beginn meiner Lehrtätigkeit, hat es sogar bei mir eine solche, nun, Standardüberprüfung gegeben. Dass diese Aktionen von Beamten des Sicherheitsapparates übernommen werden, hat mit der allgemeinen staatlichen Aufgabenverteilung zu tun. Darin ein Zeichen für was auch immer sehen zu wollen, scheint mir völlig übertrieben und unangebracht zu sein. Wenn ich aber Summa summarum einen Blick auf die Früchte dieser Aktion werfe, so stelle ich mit Wohlwollen fest, dass sich dein Brief im Ton doch sehr gebessert hat. Weiter so.

Nun zu deinem aufgrund der Ereignisse sehr knapp ausgefallenen Bericht. Ich komme leider auch diesmal nicht umhin, dir eine Rüge zu erteilen, allerdings ist auch ein kleines Lob mit beigemengt. Dass Felix für teures Geld einen uni-externen „Praxiskurs ‚Mündliche Prüfung'" belegen würde, war abzusehen. Seine chronische Angst, vor mehr als zwei Personen einen sinnhaften Zusammenhang darstellen zu müssen, der 20 Sekunden Länge überschreitet, hat ihn zum Handeln gezwungen. Auch mag ihm tatsächlich noch sein „Abi-Desaster" in den Knochen stecken. Sehr schön ist es dir gelungen, so lange abzuwarten, bis der passende Moment zum Eingreifen gekommen war. Du hast gut erkannt, dass Felix besonders an dem Tag für dich erreichbar sein würde, an dem er seinen kleinen Vortrag vor versammelter Kursgruppe zu halten hatte.

Was deine Aktionen betrifft: Die Luft aus den Fahrradreifen zu lassen und sowohl Luftpumpe als auch Ventile zu verstecken, war zwar wenig subtil, aber doch effektiv. Erst in Kombination mit der Semesterticket-Aktion allerdings hat sich dein Handeln bewährt – zunächst. Hat er bei der Fahrscheinkontrolle schön gejammert, dass er sein Ticket sonst immer dabei hat? Bitter für ihn, dass auf der kurzen Strecke zur Uni so gut wie nie kontrolliert wird. Dir ist außerdem zugute gekommen, dass das städtische Personal mittlerweile kein Pardon mehr kennt. Dass sie ihn trotz seines hektischen Lamentos für ganze 40 Minuten festgehalten haben, ist sonst nicht üblich, denn in vielen Fällen können sich „Schwarzfahrer" noch irgendwie ausweisen, so dass das Hinzuziehen von Polizei nicht nötig ist. Seinen Vortrag konnte er natürlich vergessen. Gut auch, dass die anderen Kursteilnehmer ihn bei seinem völlig verspäteten Eintreffen zusätzlich „runtergemacht" haben und andere Referenten für ihn einspringen konnten.

Kommen wir nun zur Rüge. Ich vermute, dass du nach diesem kleinen Erfolg sofort abgerauscht bist, um deinen Bericht zu schreiben. Ein böser Fehler. Wärst du doch wenigstens auf der U-Bahnfahrt noch bei ihm geblieben! Über Boxx habe ich erfahren, dass Felix noch Beate getroffen hat, eine Kommilitonin. Sie hat ihm wohl seinen Frust angesehen und ihn darauf angesprochen. Und Felix ist vor ihr zusammengeklappt wie ein Garten-

stuhl. Das hättest du verhindern müssen, denn zu allem Unglück entwickelte sich aus ihrer Unterhaltung ein Fachgespräch. Beate ist nämlich ebenfalls Biologie-Studentin und hat Felix kräftig ausgequetscht. Zu deinen Ungunsten muss ich erwähnen, dass Boxx der Ansicht war, er habe sich „sehr achtbar" geschlagen und eine „saubere Präsentation" abgeliefert (die Akte mit seinen Gesprächsnotizen habe ich beigefügt). Zuletzt hat er wohl sogar, glücklicherweise ohne es zu wissen, eine echte „Rohwetter-Nuss" geknackt, die ihm Beate gegeben hat. Du kannst dir vorstellen, dass der Tag für Felix nicht so frustrierend endete, wie er begann...

Ich frage mich, wann es dir endlich einmal gelingt, eine Sache richtig zu beenden?!

Dein Pythoxx

Coaching

Sebastian, 24 Jahre, steht unmittelbar vor den mündlichen Examensprüfungen in Theologie.

Coach: Wie geht es Ihnen heute, drei Tage vor der mündlichen Prüfung?

Sebastian: Eigentlich ganz gut. Na ja, fast jedenfalls. Okay, nicht blendend jetzt. Jedenfalls, ich stecke den ganzen Stress doch nicht so locker weg, wie ich's gerne hätte. Gestern Nacht hab' ich schon wieder von der Prüfung geträumt.

Coach: Sie meinen, als Coach würde ich von Ihnen erwarten, dass Sie ganz cool bleiben?

Sebastian: Na ja, das ist doch der Sinn von Coaching, oder? Ruhig zu bleiben und nicht im Stress zu versinken ...

Coach: Zuerst geht es darum, dass Sie in der Prüfung Ihr Bestes geben können. Eine Portion Lampenfieber gehört immer dazu. Und dass Sie von der Prüfung träumen, zeigt doch, dass Sie sich auch im Schlaf damit beschäftigen.

Sebastian: Eigentlich war der Traum auch gar nicht so schlimm. Ich bin durch die Stadt gelaufen, und überall auf den Hauswänden standen Jahreszahlen. Ganz groß, wie Graffiti. Zum Beispiel 1054 und 451 und 1309. Lauter wichtige Daten, mit denen ich mich zur Zeit halt beschäftigen muss.

Coach: Wie hat das auf Sie gewirkt?

Sebastian: Ich habe immer nur gedacht: Was ist, wenn ich vergesse, warum diese Zahlen so wichtig sind? Ständig habe ich mich gefragt, ob ich auch die nächste Zahl richtig zuordnen kann, wenn sie auftaucht.

Coach: Haben Sie schon mal gesprayt?

Sebastian: Ich?! No way! Als Kind hab' ich mal meine Zimmerwand vollgekritzelt, das hat tiefe Eindrücke hinterlassen ...

Coach: Ich weiß nicht, wie Sie darüber denken, aber mich beeindruckt es immer wieder, wenn ich diese riesigen Graffiti in der Stadt sehe, wie großartig sich die Künstler dort präsentieren.

Sebastian: In meiner Prüfung ist es jedenfalls der Prof, der sprayt. Und zwar Daten, die jeder wissen muss. 1054 zum Beispiel.

Coach: Das war im Traum Ihre Zahl.

Sebastian: Ja klar. Wär ja auch irgendwie schlimm, wenn ich nicht das Datum des größten Schismas wüsste, das noch bis heute nachwirkt.

Coach: Und wahrscheinlich erwartet Ihr Professor, dass Sie den Zahlen und Daten, die in der Prüfung auftreten werden, Form und Farbe geben können.

Sebastian: Und genau das finde ich so schwierig.

Coach: Vielleicht müssen Sie sich doch mal trauen zu sprayen ...

Anti-Draxx: Präsentieren

Vom Kopf auf die Zunge

Ich stehe vor dem Schaufenster eines Buchladens und bin in die Neuerscheinungen vertieft. Da höre ich plötzlich ganz dicht an meinem Ohr eine Stimme: »Na, wieder auf Bücherjagd?« Ich drehe mich um und blicke in ein strahlendes Gesicht. Es ist mir bekannt – aber woher? Wer *ist* diese Frau? Peinlich. Da ich mit einer Antwort schon viel zu lange gezögert habe, kann ich meinen Blackout auch nicht verbergen. Das Blut schießt mir in den Kopf. »Kennst mich wohl nicht mehr?«, fragt sie, mittlerweile nicht mehr ganz so strahlend. »Erinnerst du dich nicht mehr an den Umzug bei Nina letzte Woche?« – »Na klar!« jetzt fällt es mir endlich wieder ein.

Diese Es-liegt-mir-auf-der-Zunge-Geschichten sind im Alltag sehr verbreitet. Auch viele Horror-Prüfungsstorys sind aus diesem Stoff. Wenn Kommilitonen mit unnatürlich geweiteten Augen berichten: »Ich wusste genau, was der Prüfer wollte, aber es ist mir ums Verrecken nicht eingefallen«, »Es lag mir auf der Zunge, ich konnte es aber nicht ausdrücken. Es war die Hölle!« oder »Ich saß da, und alles war weg, vollkommene Leere. Ich bin fast gestorben« –, dann sind damit schon die besten Grundlagen für akute Prüfungsphobien gelegt. Ziemlich schlimm eigentlich, wenn es mir in der Prüfung so ergeht wie vor dem Schaufenster. Da habe ich mich wochenlang vorbereitet, so viel gelernt und wiederholt und dann ist doch alles umsonst!? Wie kann ich mich davor schützen?

Vorhin wusst' ich's noch

Warum lässt uns das Gedächtnis im entscheidenden Moment im Stich? Weshalb fällt mir das mühsam Gelernte gerade dann nicht ein, wenn ich es dringend brauche?

Warum dieser Unterschied zwischen Behalten und Erinnern? Genau gesehen ist es ein Glück, dass wir nicht alle Informationen, über die unser Gedächtnis verfügt, immer vor Augen haben müssen. Das ergäbe ein heilloses Durcheinander. Der konzentrierte Blick in ein Schaufenster wäre nicht mehr möglich, weil eine ruhige Verarbeitung der Eindrücke unterbleiben müsste. Es ist sinnvoll, dass nur dann die jeweiligen Erinnerungen aufgerufen werden, wenn es wirklich notwendig ist. Erinnern ist aber nicht wie ein Herauskramen alter Fotos, sondern eher eine Interaktion zwischen der Umwelt und meinem Gedächtnis. Wenn wir uns etwas wieder vergegenwärtigen wollen, spielen die Abrufreize der jeweiligen Situation eine große Rolle. Die neuen Eindrücke und Informationen wollen mit passenden Erinnerungsmustern verbunden werden, sie fordern dazu auf, im Gedächtnis nach Entsprechungen und Anknüpfungsmöglichkeiten zu suchen.

Impulsjäger werden

Im Schaufensterbeispiel haben die Abrufreize »Na, wieder auf Bücherjagd?« und das Gesicht zwar eine vage Erinnerung ausgelöst, aber sie waren nicht so stark, dass sie das volle Bild mit all seinen Bedeutungsverknüpfungen (Name, Ort, Zeit, Anlass...) sofort ins Gedächtnis rufen konnten. Dazu bedurfte es weiterer Reize.

Wenn man diesen Fall auf die Prüfungssituation bezieht, stellt sich schnell die Frage: Was ist, wenn in der Prüfung beziehungsweise der Klausur nicht die richtigen Hinweisreize auftauchen, die meine Erinnerungsversuche unterstützen und mein Gedächtnis auf Trab bringen? Am Ende wird gar nicht das benotet, was ich weiß, sondern nur das, was »abrufgereizt« wurde... Genau so ist es! Und das ist gar nicht so schlecht. Denn darauf können Sie sich einstellen.

Reizen Sie Ihren Prüfer

Nicht nur beim Lernen, sondern auch beim Erinnern wird die neue Erfahrung mit bereits Bekanntem verknüpft. Beim Lernen bringt mich beispielsweise die neue Information aus dem Lehrbuch dazu, im Gedächtnis nach dem passenden »Puzzleanschluss« zu suchen. Beim Erinnern übernimmt der jeweilige Abrufreiz diese Aufgabe. Auf ihn kommt es deshalb in der Prüfung ganz besonders an und nicht nur auf das Gelernte. Fehlt der Abrufreiz oder ist er aus irgendeinem Grund nicht brauchbar, dann können Sie sich nicht mehr erinnern, obwohl Sie alles behalten haben (Bredenkamp 1998. S. 74). Vieles hängt also an der Qualität der dialogischen Abrufreize. Ist die Fragestellung in der Prüfung präzise genug? Sind der Prüfer und Sie mit dem Dialogverlauf zufrieden? Lässt Ihre Tagesverfassung genug flexibles Denken zu?

Überfordert Sie die Vorstellung, dass so viele Faktoren über Ihren Erfolg entscheiden? Ganz beliebig geht es in der Prüfung aber trotzdem nicht zu. Die Situation ist sogar viel klarer und günstiger für Sie, als die vor dem Buchladen. Denn dort wurde ich mit zwei völlig verschiedenen und unverbundenen »Welten« konfrontiert. Dagegen ist der thematische Kontext der Prüfung recht klar abgegrenzt. Sie können sich besser auf die Fragen des Prüfers einstellen, weil sie mit einem gemeinsamen Thema verbunden sind. Verglichen mit der Schaufenstersituation wäre das ganz so, als wenn ich die Person in der Fußgängerzone schon länger auf mich hätte zukommen sehen. In diesem Fall hätte mein Gedächtnis viel mehr Zeit und Hinweisreize zum Abrufen der Erinnerung gehabt. Das Beispiel mit dem Buchladen ist für die alltägliche Kommunikation außerdem nicht ganz typisch. Meistens lassen sich Menschen im Gespräch mehr Zeit und geben sich gegenseitig unbewusst Abrufreize, damit die Erinnerungen wieder präsent werden. In der Prüfung ist es ähnlich. Es wird einen Einstiegsimpuls in das Thema geben, denn der Prüfer braucht ja ebenfalls Abrufreize, um seine erste Frage zu formulieren. Auch er kommt aus einem anderen Kontext und muss sich auf die neue, gemeinsame Dialogsituation einstellen.

Hauptdarsteller gesucht

Damit Ihr Gedächtnis in der Prüfung so funktioniert, wie Sie es sich wünschen, brauchen Sie so etwas wie einen roten Gesprächsfaden. Den haben Sie mit dem von Ihnen vorbereiteten Thema. Daran können Sie sich »festhalten« beziehungsweise »entlang bewegen« – je nachdem, was die Gesprächssituation gerade erfordert.

In der Prüfung geht es immer um *Ihr* Thema, also darum, was Sie daraus gemacht haben, um Ihr *Themenpuzzle*. In der Regel steht in Examensprüfungen nicht das bloßes Abfragen der Fakten im Mittelpunkt als vielmehr die Präsentation des Themas. Hier sind Sie als Darsteller gefragt. Wenn das Prüfungsthema im Vorbereitungsprozess zu Ihrem ganz persönlichen Thema geworden ist, hat es zusammen mit den vielfältigen Verknüpfungen im Gehirn auch zahllose Ansatzpunkte für Abrufreize geschaffen. Was von Ihnen verstanden und gut gelernt wurde, kann nun auch auf vielen Wegen abgerufen werden. Nicht selten haben viele Kandidaten erst in der Abschlussprüfung ihre Entertainerqualitäten entdeckt.

Prüfen wir bei mir oder bei dir?

Wo haben Sie am besten lernen können? Wenn Sie Ihren größten Lernerfolg auf dem Klo hatten, wäre es für Sie vermutlich besser, wenn dort auch Ihre Prüfung stattfinden würde. Lernen und Merken sind nämlich kontextgebunden (Bredenkamp 1998, S. 79). Neben den Fakten lernt man auch immer die jeweilige »Situation« mit, in der man sich befindet. Auf der Einweihungsfete bei Nina hätte ich die Person am Buchladen garantiert sofort wiedererkannt, denn in den dortigen Situationskontext passt sie hinein. Wie auch alle anderen, die dort beim Umzug geholfen haben. Jetzt, nach der Geschichte am Buchladen, werde ich Jenny auch an anderen Orten der Stadt wiedererkennen. Meine Erinnerung an sie wurde *dekontextualisiert*.

Auch Ihr Prüfungswissen ist kontextgebunden. Weil Ihre Prüfer aller Wahrscheinlichkeit nach aber nicht zu Ihnen nach Hause kommen werden, müssen Sie lernen, den Prüfungsstoff auch an anderen Orten zu rekapitulieren. Unter Umständen müssen Sie sich sogar auf neue Formen der Wissensabfrage einstellen. Wurde beispielsweise Anatomie bisher nur aus dem Lehrbuch und aus Karteikarten gelernt, dann sind die Abrufreize der in diesem Fach üblichen Multiple-Choice-Tests noch nicht geläufig. Wer vorwiegend nachts lernt, muss sich fragen, wie er es schafft, in der Klausur um 8.45 Uhr einen Gedächtnisanschluss zu seinem Wissensinhalt zu bekommen. Wurde außerdem für die mündliche Prüfung bisher nur alleine gelernt, ist der Kontext eines Prüfungsgesprächs über dieses Thema ebenfalls noch fremd.

In dieser Phase des Prüfungsprozesses steht die Präsentation des Lernstoffs im Mittelpunkt. Bei der *Neukontextualisierung* geht es um die Übertragung Ihres Wissens in die Prüfungssituation, damit Sie das Gelernte in der Prüfung »ausgraben«, abrufen und darstellen können. Abhängig von der jeweiligen Form der Prüfung kann das Üben der Stoffpräsentation aber ganz unterschiedlich aussehen.

Multiple-Choice-Test: Auch das Kreuzchenmachen ist eine Form der Wissenspräsentation. Studierende, die häufig MC-Tests bewältigen müssen, bilden ihre eigene Kreuztechnik aus, die eine Mixtur aus Strategie, Intuition, Wissen und Routine ist. Gerade bei dieser Prüfungsform ist es wichtig, die Präsentation, also das Kreuzen, frühzeitig zu üben. Mit der entsprechenden Lernsoftware ist das Kreuzchenmachen am Computer sogar eine praktische Abwechslung.

Daneben sollte aber das schriftliche Ankreuzen nicht vergessen werden, weil der Umgang mit Papier und Stiften wieder zu einem anderen Kontext gehört.

Klausur: Hier präsentieren Sie sich mit Ihrer Handschrift. Das ist im Computer-, E-Mail- und SMS-Zeitalter mittlerweile ungewöhnlich. Ist Ihre Schrift für Fremde lesbar? Nutzen Sie bei der Beantwortung der Fragen in jedem Fall bewährte Gliederungstechniken. Überlegen Sie sich auch, wie Sie es dem Korrektor leicht machen können, auf das, was Sie fabrizieren, möglichst viele Punkte zu geben. Spiegelstriche als Aufzählungszeichen etwa laden dazu ein, Haken oder Punktzahlen davor zu schreiben. Eine bloße Ziffer, ein blankes Stichwort oder irgendein anderes schriftliches Bruchstück ist noch keine Antwort. Deshalb: Nehmen Sie sich die Zeit, einen vollständigen Satz zu verfassen. Wenn Sie sich bei der Formulierung Ihrer Antwort immer an der Frage orientieren, ist die Gefahr gering, dass Sie das Thema verfehlen. Eine Probeklausur unter Ernstfallbedingungen zu schreiben – vielleicht in der Lerngruppe –, würde Ihre Vorbereitung optimieren.

Mündliche Prüfung: Wer sich auf eine mündliche Prüfung vorbereitet, sollte sich darauf einstellen, dass der Prüfer ihn auffordert, sein Thema in Form von Thesen oder Statements zu präsentieren. Damit Sie nicht auf dem falschen Fuß erwischt werden, sollten Sie sich in Ihrer Vorbereitung auch ganz allgemeine Fragen stellen wie: Was hat mich an dem Thema besonders interessiert? Was denke ich als Fachfrau oder Fachmann über dieses Thema? Wie lautet die Gegenposition zu dem Thema? Was ist der praktische Nutze des Stoffes?

Prüfungen, in denen Handouts (Thesenpapiere, Gliederungen) verlangt oder erlaubt werden, erleichtern Ihnen die Präsentation des Themas. Womöglich können Sie sich bei Ihrer Argumentation sogar auf das Geschriebene oder auf graphische Bearbeitungen (Tabellen und Mindmaps) beziehen. Manche Studierende schrecken aber davor zurück, mit Thesenpapieren in die Prüfung zu gehen. Sie würden sich lieber abfragen lassen, als zu einem Thema eigenständige Aussagen formulieren und im Gespräch auch noch verteidigen zu müssen. In so einem Fall ist es natürlich viel schwieriger zu zeigen, dass man mit dem Thema umgehen kann. Wer passiv bleibt und sich nur abfragen lässt, vergibt eine große Chance.

Warnung: Gliederungen und Thesenpapiere sind keine Spickzettel. Sie sollten auch keine bloßen Sammlungen von Fakten oder Daten beinhalten. In gewisser Weise dokumentieren Handouts die im Forschungsprozess gefundenen Erkenntnisse und sind eine Art Substrat. Examenskandidaten, die bereits eine Abschlussarbeit hinter sich haben, beruhigt sehr häufig die Tatsache, dass sie sich auf die mündlichen Prüfungen ganz genau so vorbereiten können wie auf ihre Examens- oder Diplomarbeit. Wieder geht es um die bekannten Punkte: Gliederung, Forschungsinteresse, Forschungslage, Hypothesen und Schlussfolgerungen.

Schauen Sie sich in dieser Phase Ihr Handout genauer an. Ist das Layout ansprechend? Ist die gewählte Textdarstellung leserlich? Sind die Einzelpunkte übersichtlich aufbereitet (der Prüfer sollte nicht durch langes Lesen abgelenkt werden)? Treffen Ihre Formulierungen die Kernpunkte des Themas? Können Sie sie darstellen und begründen? Haben Sie die dafür nötigen Daten, Fakten und Grundlagen parat?

Beinarbeit nicht vergessen

Wenn Sie sich auf Ihre Präsentation vorbereiten, werden Sie spüren, dass Sie innerlich ständig in Bewegung sind. Dann laufen Sie auch nicht Gefahr, sich einzig auf den Prüfungsstoff zu fixieren. Ein zwischenzeitlicher Blick aufs Prüfungsdreieck holt auch den Prüfer wieder »ins Boot« zurück. Als optimale innere Prüfungshaltung hat sich für viele Studierende die Einstellung erwiesen, dem Prüfer die eigenen

Arbeitsergebnisse zeigen zu *wollen*. Mit dieser verinnerlichten Bereitschaft unterstützen Sie in der Prüfung Ihre Erinnerungsfähigkeit, weil Sie gezielt Abrufhilfen für Ihr Gedächtnis setzen. Ein tief verarbeitetes Wissen wird mit vielen Regionen des Gehirns verknüpft und kann von vielen Seiten her durch die unterschiedlichsten Abrufhinweise reproduziert werden (Schacter 2001, S. 100). Auch für das Schreiben von Klausuren kann es sehr sinnvoll sein, sich vor der Prüfung von Freunden abfragen zu lassen. Sie bringen damit Ihren Lernstoff in ein kommunikatives Muster und üben das Mitteilen. Das hat den Vorteil, dass Sie über »externe Kontrollen« auf bisher noch gar nicht entdeckte Aspekte aufmerksam gemacht werden können. Außerdem tragen diese dazu bei, dass sich die gelernten Inhalte im Gedächtnis weiter festigen. Schließlich verbindet Ihr Gedächtnis bestimmte Themeninhalte sehr gerne mit sozialen Kontakten und persönlichen Episoden.

Simulanten-Bonus

Die Chance, von jemandem probeweise abgefragt zu werden, ergibt sich nicht von selbst. Sie muss gesucht und organisiert werden. Wollen Sie das? Das setzt allerdings voraus, dass Sie die Bereitschaft aufbringen, Hilfe anzunehmen. Außerdem sollten Sie sich darüber im Klaren sein, dass Sie jemand anderem die Macht geben, den Gesprächsverlauf zu kontrollieren. Sie geben sich für einen kurzen Zeitraum in die Hände eines anderen. Das muss so sein, schließlich soll die Simulation einer Prüfung möglichst echt wirken. Können Sie sich darauf einlassen? Denn es ist ja auch möglich, dass Sie scheitern, wenn beim Abfragen herauskommt, dass Sie noch nicht genug gelernt haben. Sich abfragen zu lassen ist fast so, wie der realen Prüfungssituation ausgesetzt zu sein. Es ist ein Probehandeln, bei dem der Prüfer neu ins Blickfeld kommt. Gerade dann können Sie die sehr beruhigende Tatsache erfahren, dass sich in einer dialogischen

Situation die Gesprächspartner gegenseitig Abrufreize geben. Sogar dann, wenn Sie es mit einer echten Koryphäe zu tun haben. Und mit jeder Abfragung erreichen Sie eine stärkere Vertrautheit mit den verschiedensten Hinweisreizen zu Ihrem Thema.

Plädoyer für mehr Selbstgespräche

Wenn Sie sich selbst abfragen, sollten Sie sich angewöhnen, laut zu sprechen. Nicht um Ihrer Prüfungseinsamkeit vorzubeugen, sondern um sich weitere »Abrufhilfen« zu schaffen. Jetzt können Sie schon mal hören, wie sich das Thema anhört, wenn es aus Ihrem Mund kommt. Formulieren Sie laut und deutlich einzelne Thesen zu Ihrem Prüfungsstoff und versuchen Sie dann, diese zu begründen. Sprechen Sie auf Band, vor dem Spiegel, im Stehen, im Liegen … Stellen Sie einen leeren Stuhl vor sich auf – dort sitzt jetzt der Prüfer –, und halten Sie ihm einen Kurzvortrag. Lernen Sie an verschiedenen Orten. Wenn wir lernen, verinnerlichen wir auch immer die dazugehörige Situation, also den Raum, die momentane Stimmung, Geräusche und Farben. Der Lernstoff wird damit zu einem komplexen Erlebnisbild, das sich aus vielen Elementen zusammensetzt und im Gedächtnis haften bleibt. Er bleibt nicht nur eine trockene Information.

Am Ende dieser Phase stehen Sie unmittelbar vor der Prüfung. Der Prüfungsstoff ist zu Ihrem eigenen Thema geworden. Sie kennen nicht nur die Argumente, die Theorien, die zentralen Prämissen und Schlussfolgerungen innerhalb des Themenbereiches, Sie haben auch eine Vorstellung davon, was Sie in der Klausur oder in der Prüfung mit dem Thema machen werden.

Coach yourself

 Schauen Sie sich – wenn möglich – den Raum an, in dem Ihre Prüfung stattfinden wird.

 Verabreden Sie sich mit Kommilitonen und schreiben Sie gemeinsam eine Probeklausur unter Klausurbedingungen.

 »Was hat Sie an dem Thema besonders interessiert?« Notieren Sie sich, was Sie auf diese Frage Ihres Prüfers antworten werden.

 Welche Fragestellung Ihres Themas spielte in den Tageszeitungen der letzten drei Monaten (wenigstens im entferntesten Sinne) eine Rolle?

 Haben Sie einen großen Spiegel im Haus? Halten Sie ihm einen Kurzvortrag zu Ihrem Thema. Wie reagiert er danach?

 Spielen Sie Prüfung: Lassen Sie sich von Kommilitonen oder Freunden zu einem festgelegten Thema abfragen. Beschreiben Sie ihnen zuvor in drei Sätzen den Prüfer. Teilen Sie anschließend mit den Probeprofessoren nicht nur Ihre Einschätzung, sondern auch eine Großpackung Eis.

3
Beat it now!

In der Klausur

Lieber Draxx,

klugerweise hast du dich zurückgehalten und erst in der letzten Sprechstunde vor Felix' mündlicher Prüfung die Katze aus dem Sack gelassen. Wie du zuvor die nötigen Sollbruchstellen zwischen ihm und Rohwetter herausgearbeitet hast, war handwerklich sauber. Auch am Transfer der zunächst noch leichten Differenz in den nicht mehr zu kittenden Dissens habe ich wenig zu monieren. Dein Erfolg wundert mich aber nicht wirklich, denn du hast es genau so gemacht, wie ich es in meinem Buch „Finale Interventionstechniken bei Sprechstunden" beschrieben habe.

Ohne deinen Erfolg schmälern zu wollen: Die Gliederung für seine mündliche Prüfung wurde nur deshalb abgeschossen, weil Rohwetter Felix die respektlose Bemerkung aus der ersten Sprechstunde nicht verziehen hat. Im Allgemeinen sind ihm Studenten nämlich gleichgültig. Dass Felix, wie im aktuellen Fall geschehen, abermals mit einer patzigen Antwort reagiert hat, ist zwar perfekt, aber nur die übliche Folge einer gesunden Konfliktentwicklung. Nicht vorhersehbar, dafür aber um so willkommener, ist Rohwetters Reaktion, an der wir sehr schön die Entwicklungsphasen von vollkommener Indifferenz über die ersten Anzeichen von Abneigung bis hin zum Umschlagen in blanken Hass verfolgen können. Vielleicht ein Musterbeispiel für mein nächstes Lehrbuch (fertige bitte eine genaue Fallstudie an).

So viel zum Lob. Nun zu den Katastrophen. Du schreibst, Felix habe auf den Verriss seiner Gliederung gesagt: „Warum hängen Sie nicht 'ne Mustergliederung ans Schwarze Brett? Das erspart uns das Denken und Ihnen den Kontakt mit der neuesten Forschung". Dieser respektlose Satz ist höchst alarmierend, auch wenn er im Zorn gesprochen wurde. Erstens: Woher hat er das Selbstbewusstsein? Zweitens: Höre ich hier Anzeichen einer Kränkung heraus? Nur, wie hat er sich denn das dafür notwendige Mindestmaß an Stolz und Ehrgeiz bewahren können? Ist das wieder Ausdruck deines fortwährenden Versagens?! Sicher, Rohwetters zuletzt hingezischte Kampfansage, Felix könne sich darauf einstellen, dass er die Prüfung nicht lebend verlassen werde, lässt keine Wünsche offen. Auch scheinen seine „Sondermaßnahmen" nicht spurlos an Felix vorüber gegangen zu sein. (Wie viele Aufsätze hat er ihm so kurz vor der mündlichen Prüfung noch aufgebrummt?) Mich irritiert aber die jähe Wut deines Klienten. Im Gegensatz zur ersten Sprechstunde überwiegt bei ihm nun deutlich der Zorn. Wieso hast du es so weit kommen lassen?

Eine andere Sache, die mich nicht nur stutzig, sondern geradezu rasend macht, ist ein Detail in deinem Statusbericht, das du – wie üblich – nicht weiter ausgeführt hast. Was bedeutet denn der Halbsatz „ – und das so kurz nach der schriftlichen Prüfung"? Es kostet Energie, immer und immer wieder nachhaken zu müssen, damit ich wichtige Entwicklungsdetails deines Klienten rekonstruieren kann, die du einfach unter den Tisch fallen lässt.

Ich liege dem Akademiedirektor seit Jahren schon mit der Forderung in den Ohren, dass er strengere Strafen für schlampige Statusberichte verhängt. Verlass dich darauf, du wirst dir bald ein Bild davon machen können, wie hier der Hase läuft, wenn ich erst mal in dieser neuen Funktion tätig sein werde. Das kann schneller gehen, als du denkst. Also, wie ist es Felix gelungen, sich völlig ungestört zu strukturieren? Warum habe ich keine Abschrift seiner geplanten Klausurgliederung vor mir liegen? Und vor allem: Wie ist es ihm gelungen, völlig unangefochten in die Klausur zu gehen und sein Wissen zu präsentieren? Du wirst mir alles über diese schriftliche Prüfung niederschreiben. Offensichtlich hat er sie ja bestanden.

Draxx, die Schonfrist ist nun vorbei. Es ist dir abermals nicht gelungen, Felix auf unterschiedlichen Gebieten parallel zu beraten. Deshalb sei dir gesagt: Die Hand, die dich bisher so gütig schirmte, ist von nun ab von dir gezogen. Wie du dir meine Gunst – und damit auch meinen Schutz – zurückgewinnen kannst, weißt du mittlerweile sehr genau.

Pythoxx

P. S.: Ich erwarte deinen lückenlosen Bericht über die schriftliche Prüfung in spätestens drei Tagen. Du wirst nicht so dumm sein, Bekanntschaft mit Dr. Moroxx machen zu wollen, nicht wahr?! Ich hatte einmal das Vergnügen, einen ähnlich „motivierten" Schüler wie dich bei ihm abzuliefern. Allein die Schreie, die wir bereits bei unserer Ankunft aus seiner Höhle vernehmen konnten, würden genügt haben, um deinem Arbeitseifer endlich Flügel zu bereiten.

Coaching

Die Pharmaziestudentin Daniela »trocknet« in diesem Semester. Weil sie die Klausur in organischer Chemie nicht bestanden hat, muss sie ein Semester warten, damit sie einen neuen Versuch starten darf. Sie nutzt die Wartezeit für ein Prüfungscoaching, denn sie möchte ihre Arbeitsweise für die Klausur verbessern.

Daniela: Wir wollten ja heute über die versiebte Klausur sprechen. Ich habe sie tatsächlich noch gefunden. Hier ist sie.

Coach: Danke. Was geht Ihnen denn durch den Kopf, wenn Sie heute darauf schauen?

Daniela: Ich könnte mich einfach nur tot ärgern.

Coach: Warum?

Daniela: Warum?! Ich habe zwei volle Monate dafür gelernt. Ich war definitiv gut vorbereitet. Und dann fehlen mir am Ende nur drei Pünktchen zum Bestehen.

Coach: Ärgern Sie sich über den Professor oder über sich selbst?

Daniela: Sehen Sie das hier? Bei dieser Aufgabe hätte er mir locker zwei Punkte mehr geben können. Da heißt die Frage: »Wie viele neue Verbindungen entstehen bei der Erhitzung des Stoffes?« Ich hab' doch alle Verbindungen hingeschrieben, die mir eingefallen sind!

Coach: Aber es geht doch um die Anzahl?

Daniela: Wie? Was jetzt? Werden Sie jetzt auch so pingelig ...?! Na ja. Also, wenn man's wirklich extrem streng auslegt, vielleicht hätte dann auch nur 'ne Zahl gelangt. Na ja – aber hier hinten. Da gibt der mir überhaupt keine Punkte mehr. Das kann doch wohl nicht alles falsch sein, oder?!

Coach: Was heißt denn das hier?

Daniela: Was? Moment – krieg' ich das mal? Ich muss mal näher ran – das heißt Carbenium-Ionen? Nein. Hä? Das muss doch Carbonium-Ionen heißen. Ja, okay, da ist meine Schrift nicht mehr so schön. Ich war ja auch so in Hektik, dass ich darauf nicht auch noch achten konnte. Kann man ja wohl auch verstehen, oder?!

Coach: Wäre »Carbonium-Ionen« denn die richtige Antwort gewesen?

Daniela: Hmm. Ich glaub' schon. Oh, Mann. Der konnte das wohl nicht lesen.

Coach: Das Ergebnis unserer Klausuranalyse lautet demnach: gegenseitige Verständigungsschwierigkeiten.

Daniela: Was wollen Sie denn damit sagen?

Coach: Sie haben diese Frage des Professors nicht ganz richtig verstanden, und er konnte Ihre Schrift nicht immer lesen.

Daniela: Aber was soll mir denn jetzt diese Einsicht bringen?! Ich war halt so aufgeregt in der Klausur.

Coach: Jetzt dürfte es jedenfalls klar sein, dass die »versiebte« Klausur ihre Ursache nicht so sehr im Lernen hatte, sondern vielmehr in Ihrer Aufregung.

Daniela: Na ja, irgendwie wär's schon besser, wenn ich's hinkriegen könnte, trotz Anspannung klarer zu denken und leserlicher zu schreiben.

Time out: In der Klausur

Vor der Klausur

Gong. Die erste Runde beginnt. Jetzt ist Prüfung. Hoffentlich haben Sie gefrühstückt und sich zusätzlich mit etwas Proviant eingedeckt. Denn wenn Sie gleich eine Höchstleistung vollbringen, brauchen Sie Energie. Jetzt spielt es keine Rolle mehr, ob Sie diese Definition oder jene Formel spontan parat haben oder nicht. Lassen Sie sich deshalb auch nicht von Ihren Kommilitonen verrückt machen.

Man kennt diese Situationen kollektiver Hysterien noch aus der Schulzeit, wo sich alle vor dem Raum versammelten, in dem die Klassenarbeit geschrieben werden soll, und auf den Lehrer warteten. War es damals nicht so, dass sich grundsätzlich alle immer so benommen haben, als hätten sie gerade zehn Liter Espresso getrunken und erst vor exakt dreißig Sekunden erfahren, in welchem Fach sie überhaupt geprüft werden würden? Und waren nicht auch immer einer oder zwei Leute darunter, die irgendwelche obskuren Quellen mit Ihnen völlig unbekanntem Geheimwissen aufgetan hatten, das nach ihren Aussagen für das Bestehen der Prüfung unverzichtbare Grundlage war?! Lassen Sie sich davon nicht anstecken. Wünschen Sie Ihren Kommilitonen einfach viel Glück, und kommen Sie zu sich selbst. In der Prüfung sind Sie ja schließlich auch auf sich gestellt.

Ist der Prüfungsraum schon offen und sitzen Sie schon auf Ihrem Platz? Oder stehen Sie noch auf dem Gang und versuchen sich zu konzentrieren? Wie wäre es jetzt mit einer Entspannungsübung? Achten Sie einfach bewusst auf Ihren Atem. Die Luft strömt langsam durch die Nase ein und durch den Mund wieder aus. Wiederholen Sie diese Atemübung mehrmals hintereinander. Und jetzt überlegen Sie, wo der höchste Punkt Ihres Körpers ist. Richten Sie sich auf, so dass die Wirbelsäule gerade ist. Berühren Sie nun die höchste Stelle Ihres Kopfes leicht mit dem Zeigefinger. Dieser Scheitelpunkt liegt mit Ihrer Wirbelsäule auf einer Linie. Atmen Sie nun einige Male und ganz in Ruhe ein und wieder aus. Spüren Sie Ihrem Atem nach. Bei dieser Übung ist es gleichgültig, ob Sie aufrecht sitzen oder aufrecht stehen, Sie müssen nur Ihren Scheitelpunkt spüren. Führen Sie diese Übung so lange durch, wie sie Ihnen gut tut. Bereits ein Durchgang von drei Minuten kann sich sehr wohltuend auf Ihr Befinden auswirken. Haben Sie's ausprobiert? Vielleicht hat Ihnen diese kurze Übung geholfen, ganz bei sich zu sein.

Wenn Sie Ihren Arbeitsplatz gefunden haben, richten Sie ihn ein. Schreibwerkzeug, Uhr, Getränk, Obst – alles kommt an seinen Platz. Schauen Sie sich ruhig um: Hier werden Sie nun die Klausur schreiben.

Sind Sie mit allen Formalitäten vertraut? Welche Unterlagen liegen schon vor Ihnen oder was wird noch ausgeteilt? Was werden Sie am Ende abgeben, und was dürfen Sie mit nach Hause nehmen? Auf welchem Papier soll geschrieben werden? Gibt es offizielles »Schmierpapier«? Müssen die Ergebnisse schließlich auf ein gesondertes Blatt übertragen werden? Ist Ihr Name oder die Matrikelnummer schon vermerkt? Stimmen die Angaben? Wenn alle Rahmenbedingungen geklärt sind, heißt es: *Go for it!*

Überblicken

Die Klausuraufgaben liegen nun vor Ihnen. Wie wollen Sie jetzt anfangen? Legen Sie gleich los und beginnen einfach von vorne? Wir würden Ihnen gerne einen Gegenvorschlag machen. Wie wäre es, wenn Sie sich erst mal einen Überblick verschaffen würden? Genau so, wie Sie es hoffentlich auch in Ihrer Prüfungsvorbereitung gemacht haben. Überfliegen Sie die Fragen und schauen Sie erst mal, was alles auf Sie zukommt. Das hat mindestens zwei Vorteile. Erstens wissen Sie nach diesem ganz kurzen Überblick, was schon mal *nicht* drankommt – und das kann eine Erleichterung sein. Zweitens nehmen Sie beim Sichten der Fragen schon viele Hinweisreize auf, die Ihr Gedächtnis aktivieren. Während Sie dann die erste Frage beantworten, bereitet Ihr Gedächtnis schon die Antwort für die fünfte Frage vor, vielleicht ohne dass Sie etwas davon merken. Leider schrecken viele Studierende davor zurück, sich zunächst einen Überblick zu verschaffen. Sie haben Angst davor, zu viele Fragen zu sehen, die sie vor unlösbare Probleme stellen könnten. Sie wollen sich lieber nur mit einem Thema beschäftigen und halten sich deshalb ganz streng an die festgelegte Reihenfolge der Aufgaben. Schwierigkeiten entstehen bei dieser Strategie allerdings dann, wenn man bei einer Frage hängen bleibt, oder wenn man gleich bei zwei oder drei Fragen völlig im Dunkeln tappt.

Ein bisschen entspannter könnte es deshalb für Sie werden, wenn Sie sich bereits einen Überblick verschafft haben. Dann wissen Sie vielleicht auch, dass nach den schwierigen Klöpsen noch ein paar leichtere Aufgaben kommen. Das ist doch in jedem Fall ein Hoffnungsschimmer.

Strukturieren

Überblick verschafft, Stoßgebet gen Himmel geschickt, Stift im Anschlag. Dann kann's ja losgehen. Frage 1:... Stopp! Dürfen wir noch einmal kurz einhaken? Was halten Sie davon, rasch eine kurze Phase des Strukturierens vorzuschalten? Das könnte wirklich Sinn machen. In manchen Klausuren gibt es Aufgaben, die mit mehr Punkten bewertet werden als andere. Vielleicht ist es sinnvoller, diese zuerst zu bearbeiten. Wie wollen Sie sich *überhaupt* Ihre Zeit einteilen? Wie viel Zeit bleibt im Durchschnitt für jede Frage? Wenn Sie am Ende noch einmal alles durchgehen wollen, müssen Sie das jetzt einkalkulieren. Ganz wichtig: Wann machen Sie Pause? Nach der wievielten Frage essen Sie den Apfel, wann belohnen Sie sich mit dem Schokoriegel?

Prinzipiell gibt es zwei Arten von Klausuren. Bei der einen geht es darum, mehrere Fragen zu beantworten (Multiple-Choice-Tests zählen auch dazu). Bei der anderen ist ein größeres Thema zur Bearbeitung vorgegeben. Bei der zweiten Klausurform ist es geradezu fahrlässig, *keine* Strukturierungsphase einzulegen. Denn wer einfach drauflos schreibt und alles zu Papier bringt, was er über das Thema weiß, kann sich leicht mit dem Umfang des eigenen Elaborats und mit der Zeit verschätzen. Außerdem läuft er Gefahr, den Prüfer einzuschläfern, statt ihm mit einem aufgeweckten Text gute Argumente für eine großzügige Punkteverteilung zu liefern.

Wie bei einem Referat, einer Seminar- oder Examensarbeit erwartet der Korrektor von Ihnen, dass Sie einen lesbaren, wissenschaftlichen Text abliefern, der seine Argumentation stringent zu entfalten versteht, seine Grundaussagen konsequent entwickelt und sie immer auf das Thema bezieht. In der Strukturierungsphase der Klausur können Sie deshalb auch zunächst Thesen formulieren und Mindmaps oder Cluster zeichnen. Daraus entsteht eine Gliederung. Jetzt wissen Sie genau, was Sie schreiben wollen und was Sie nicht zu schreiben brauchen. Durch die Gliederung haben Sie Kapitelüberschriften entwickelt, die Ihnen das Schreiben erleichtern und mit deren Hilfe Sie sich auch Ihre Zeit besser einteilen können. So verhindern Sie, dass Sie mitten in der Arbeit vom »Noch-fünf-Minuten«-Ruf der Aufsichtsperson kalt erwischt werden. Ihre Kapitel werden durch konsequentes Gliedern zwar insgesamt etwas kürzer ausfallen, aber sie weisen dafür keine Lücken auf.

Schreiben

Wenn Sie ans Niederschreiben gehen, achten Sie besser gleich auf gute Lesbarkeit. Kurze Sätze, deutliche Schrift, viele Absätze und Spiegelstriche erleichtern dem Prüfer die Durchsicht. Um inhaltliche Missverständnisse zu ver-

meiden, ist es vielleicht notwendig, zentrale Begriffe kurz
zu definieren. So weiß der Prüfer, wie Sie den Begriff verstehen. Wenn Sie dagegen eine Fragenklausur bearbeiten, können Sie sich gleich mehrere Durchgänge erlauben. Dabei
könnten Sie so vorgehen, dass Sie sich zunächst alle leicht
beantwortbaren Fragen vorknöpfen und sich die schwierigen für einen späteren Durchgang aufheben. Vielleicht
braucht Ihr Gedächtnis ja noch ein wenig Zeit und ein paar
zusätzliche Abrufreize. Aber spätestens beim dritten
Durchgang bleibt Ihnen wohl nichts anderes übrig, als die
wahrscheinlichste Antwort anzukreuzen. Die Zeit wird
knapp, jetzt ist die letzte Gelegenheit, das hinzuschreiben
oder anzukreuzen, was Ihnen dazu einfällt, um vielleicht
noch einen wertvollen Punkt zu retten. Nach jedem
Durchgang sollten Sie die Zeit kontrollieren. Haben Sie
noch ein bisschen »Luft«? Dann empfehlen wir Ihnen:
Überprüfen Sie rasch nochmal die Präsentationsform Ihres
Textes.

Präsentieren

Stellen Sie sich folgende Szene vor: Ihr Prüfer sitzt abends in
seinem Lieblingssessel am Kamin, gönnt sich ein Gläschen
Medoc und hat Ihre Arbeit vor sich auf dem Schoß liegen. Er
will schnell damit fertig werden (mit der Klausur, nicht mit
dem Wein!). Er hat prinzipiell nichts dagegen, Ihnen viele
Punkte zu geben, aber dafür muss er gute Gründe haben.
Schauen Sie sich also vor der Abgabe der Klausur Ihren Text
nochmals an. Ist alles gut lesbar? Wäre es sinnvoll, Kernbe-
griffe (farbig) zu unterstreichen? Haben Sie überall vollstän-
dige Antwortsätze geschrieben? Möchten Sie an einigen
Stellen noch etwas hinzufügen? Lohnt es sich, die Ergebnisse zu markieren? Machen Sie Ihrem Prüfer den Abend so
angenehm wie möglich.

Abgeben

Mit der Abgabe Ihres Textes löst sich allmählich auch die Anspannung. Eine Restspannung wird trotzdem zurückbleiben: Welche Note wird's wohl werden? Die meisten Prüfungskandidaten besitzen die erstaunliche prophetische Fähigkeit, ihre Noten vorauszusagen. Sie auch? Eine gut gelaufene Klausur ist in jedem Fall schon ein perfekter Grund, ordentlich zu feiern. Auch dann, wenn die Note noch nicht klar ist. Viel Spaß dabei!

In der mündlichen Prüfung

Der Brief ist von unbekannter Hand geschrieben worden; vermutlich handelt es sich um eine Abschrift.

Lieber Boxx,

hab' Dank für deine Nachricht. Ich habe sofort eine Fahndung eingeleitet, die von ein paar meiner vertrauenswürdigsten Mitarbeitern durchgeführt wird. Auch ich sehe keinen Grund, das Ganze an die große Glocke zu hängen und unnötigen Aufruhr zu provozieren. Was ist auch schon passiert? Einem dummen, nichtsnutzigen Schüler versagen die Nerven. So etwas kommt vor. Ich weiß es daher zu schätzen, dass du dich direkt an mich gewandt hast. Deine Diskretion ist einem an sich unbedeutenden Vorfall wie diesem sehr angemessen.

Was für eine glückliche Fügung jedenfalls, dass du dich zum Zeitpunkt der mündlichen Prüfung in der Nähe von Draxx aufgehalten hast. Ich habe das Protokoll gelesen und teile deine Auffassung, dass die Ereignisse an „Ungeheuerlichkeit" nicht zu überbieten sind. Dafür wird sich der kleine Nichtsnutz vor mir persönlich zu verantworten haben, sobald er wieder in meiner Obhut ist.

Indes habe ich noch ein paar Fragen, für deren Beantwortung ich dir sehr dankbar wäre. Du schreibst, dass die Begrüßung zwischen Felix und Rohwetter äußerst frostig gewesen sei. Hat Draxx im Prüfungsverlauf noch Akzente zu setzen vermocht, die zur Vertiefung dieser Kluft beigetragen haben? Im Übrigen war ja abzusehen, dass Rohwetter im Prüfungsverlauf alle Zurückhaltung würde fahren lassen, um diesem unfähigen Felix gehörig die Grenzen aufzuzeigen. Dass er dabei so … sagen wir: engagiert vorgehen würde, hätte ich jedoch nicht zu hoffen gewagt. Seine „ganze Erfahrung" habe er „souverän" ausgespielt, schreibst du. Das heißt doch, dass er Felix auch emotional zu packen versucht hat. Ich frage mich, ob der gute Toxx auf seine alten Tage seine Autorität über Rohwetter doch noch zurückgewonnen hat!? Jedenfalls scheint er ihn wieder voll im Griff zu haben. Respekt. Und Felix sah sich völlig in die Defensive gedrängt, schreibst du. Hat er bei seinen Antworten gestottert? Freilich, die Nachfragerei nützt wenig, wenn man das Resultat der Prüfung betrachtet. Aber ich benötige die Details deiner Beobachtung zur Anfertigung einer schriftlichen Dokumentation des Vorfalls.

Kommen wir nun zur verheerenden Rolle, die Draxx gespielt hat. Du berichtest, Rohwetter habe immerzu versucht, seinen aufsässigen Prüfling in die Enge zu treiben, indem er ihm immerzu detailorientierte Verständnisfragen gestellt hat, also biogenetisches Grundwissen abklopfen wollte. Weshalb nun hat sich Felix nicht wirklich darauf eingelassen? Ich vermute, dass er einfach nicht viel wusste. Weshalb sollte er sonst die Nachfragen Rohwetters so scharf von sich weisen und sich stattdessen plötzlich so betont anwendungsorientiert geben?! Keine Frage, dass er Rohwetter damit sehr schön zur Weißglut gebracht hat. Nur allzu verständlich. Diese kleinen Narren glauben, sie könnten bereits fliegen, dabei hocken sie immer noch im Nest und bewegen nur hektisch ihre Stummelflügelchen. Felix scheint sich auf die Haltung versteift zu haben, dass er Rohwetter fachlich überlegen sei, weil er die neueste Forschungsliteratur kennt. Arrogant schien er mir ja immer schon zu sein, aber diese penetrante Form des Hochmuts…

An diesem Punkt muss nun die unglückliche Rolle des Beisitzers näher beleuchtet werden. Hier hat Draxx leider völlig versagt. Ich habe ihm stets eingeschärft, das Umfeld in seine Arbeit einzubinden. Dass er die Rolle des Beisitzers nicht auf der Rechnung hatte, ist sein größter und letzter Schnitzer. Selbstverständlich habe ich gleich den Berater des Beisitzers bei mir zum Gespräch einbestellt. Offensichtlich war der Beisitzer für eine kurze Periode auf Felix' Seite. Sonst wäre er mit seinen wehleidigen Mäßigungsrufen Rohwetter nicht ständig in die Parade gefahren. Der Knabe scheint mir Felix in seinem aufsässigen Verhalten ermutigt zu haben. Trotzdem hätte auch zu diesem Zeitpunkt noch eine kleine Eskalation genügt, um Felix zu erledigen. Aber dazu hätte es auch entsprechender Impulse von Draxx bedurft. Du schreibst, er habe sich bei Rohwetters Ausbrüchen hinter Felix in seinem Versteck verkrochen, „mit hängenden Ohren, völlig in sich zusammengesunken und am ganzen Schuppenkörper zitternd". Das wird auch seine Pose sein, wenn er hier vor mir sitzt, soviel steht fest. Aber dass er bei einer entscheidenden Trotzantwort von Felix auch noch laut aufgelacht hat, raubt mir die Fassung. Was heißt, er sei „danach wie ausgewechselt" gewesen? Ich wollte es erst gar nicht glauben. Auch dass er Felix „an entscheidender Stelle" etwas „zugeflüstert" habe, will mir nicht in den Sinn. Er muss doch gewusst haben, dass er sich damit des Hochverrats schuldig machen würde. Und die Strafen sind ihm bekannt. So töricht wäre noch nicht einmal er.

Über den Ausgang der Prüfung wundere ich mich jedenfalls nicht. Die Note vier nützt uns leider gar nichts, Felix hat bestanden. Da hilft es auch nicht, dass sie nur durch Intervention des Beisitzers zustande kam. Mit seinem Berater werden wir uns noch gesondert zu befassen haben. Er scheint seinen Mandanten jedenfalls erst kurz vor Schluss wieder im Griff gehabt zu haben. Wie sonst ist das nachträgliche Manöver des Beisitzers zu verstehen, Felix zu juristischen Schritten gegen die Note zu ermuntern und ihm seine Unterstützung zuzusichern?! Ich bezweifle, dass dieser Impuls die erwünschte Wirkung haben wird. In der Tat wäre die Wiederholung der Prüfung das einzige Mittel, um Felix jetzt nochmal aus dem Gleichgewicht zu bringen. Auch die Schlussdrohung Rohwetters gehört unter die Rubrik „finaler Rettungsversuch". Ob seine Ankündigung – wenn Felix das wage, werde er ihn so fertig machen, dass er nicht mehr wisse, ob er Männlein oder Weiblein sei – tatsächlich genug Provokationspotenzial hat, wird sich noch zeigen. Jedenfalls halte ich ihn für wirksamer als den Impuls des Beisitzers. Wir werden sehen, wie sich Felix entscheidet. In der Zwischenzeit muss sehr rasch ein neuer Berater für Felix gefunden werden, denn die ersten Tage nach diesem Prüfungsereignis werden über den gesamten Ausgang entscheiden. Wir müssen Felix zu einem juristischen Schritt ermutigen.

Um Draxx kümmere ich mich persönlich. Du berichtest, dass er dich in dem Moment bemerkt hat, als Felix den Prüfungsraum verließ. Richtig erschrocken ist er also bei deinem Anblick und gleich darauf geflohen. Klar, dass du die Verfolgung nicht selber aufnehmen konntest, einer musste ja gleich Meldung machen. Welch außerordentlicher Zufall, dass du im entscheidenden

Moment vor Ort warst. Immerhin verdanke ich dir nun die lücken-
lose Dokumentation der mündlichen Prüfung. Aber es kann nur
eine Frage von Stunden sein, bis wir mit Draxx persönlich über die
genannten Vorgänge werden reden können. Ich halte dich auf
dem Laufenden.

Dein Pythoxx

Coaching

Andrea steht kurz vor dem Abschluss ihres BWL-Studiums. Um eine versiebte Klausur auszugleichen, musste sie in ihrer letzten mündlichen Prüfung mindestens die Note zwei erreichen. Sie kommt schmunzelnd zum Gespräch.

Coach: Sie haben Ihre letzte mündliche Diplomprüfung hinter sich.

Andrea: Ja, und es hat total super geklappt. Zum Glück bin ich vorher nochmal beim Prof in der Sprechstunde gewesen, wie wir es das letzte Mal besprochen hatten. Ich habe ihn einfach mal direkt gefragt, was man machen muss, um bei ihm eine Zwei zu bekommen. Da hat er erst mal gegrinst und mir dann ganz genau gesagt, was er von mir erwartet. Das war für meine Vorbereitung natürlich obergenial.

Coach: Sie hatten ja befürchtet, er könnte in einem solchen Vorgespräch erkennen, wie unsicher Sie sich in ihrem Fach fühlen.

Andrea: Genau – aber das Gegenteil ist eingetreten. Er hat mit mir über die Themen gesprochen, und dabei ist mir alles Wichtige eingefallen. Da wusste ich: Wenn es nicht ganz blöd läuft, schaffe ich diese Prüfung. Ja, und ich muss Ihnen unbedingt erzählen, was am Anfang passiert ist.

Coach: Schießen Sie los.

Andrea: Ich warte auf dem Gang vor dem Prüfungsraum, bis die Beisitzerin rauskommt und ruft: »Herr Schneider«. Ich bin erst mal völlig baff, aber dann sage ich: »Frau Schneider.« Ich merke, wie peinlich das der Beisitzerin ist. Sie ist ganz irritiert und vergisst sogar, mir beim Eintreten die Hand zu geben. Als ich schon im Raum stehe, sage ich zu ihr: »Das macht aber nichts. Andrea kommt ja von Andreas und heißt mannhaft, tapfer. Und tapfer passt doch jetzt ganz gut zur Prüfung.«

Coach: Das war aber eine souveräne Reaktion.

Andrea: Ja, und die Beisitzerin hat gelächelt. Und wissen Sie, was der Professor dazu gesagt hat? Er sagte: »Das wusste ich noch gar nicht, dass Andrea mannhaft, tapfer heißt, da hab' ich ja noch was gelernt«.

Coach: Das heißt, Sie haben voneinander profitiert.

Andrea: Ja, und genau so verlief auch die ganze Prüfung. Beide haben mir zugehört und durch ihre Nachfragen und Bemerkungen ergab sich eins nach dem anderen und am Ende stand die 1,7 auf dem Papier.

Coach: Ich gratuliere Ihnen.

Andrea: Ja, danke. Ich freue mich riesig, dass das alles doch noch geklappt hat.

Time out: Die mündliche Prüfung

Nehmen Sie bitte noch einen Augenblick Platz

Sie warten auf Ihre Prüfung. Vielleicht befinden Sie sich gerade in einem langen Gang vor dem Prüfungszimmer. Es kann sein, dass Sie von drinnen Stimmen hören. Der Kandidat vor Ihnen wird noch geprüft. Hoffentlich fühlen Sie sich fit. Haben Sie genug geschlafen? Auch schon was gegessen? War die Vorbereitung in den letzten Tagen halbwegs stressfrei? Aber auch wenn Sie in der letzten Nacht kaum ein Auge zugemacht haben, können Ihr Körper und Ihr Geist durchaus mehrere Tage mit wenig Schlaf auskommen. Daran wird Ihre Prüfung nicht scheitern. Überhaupt: Ihre Prüfung wird an gar nichts scheitern, wenn Sie jetzt ganz bei sich selbst bleiben, ein relativ entspanntes Gefühl bezüglich des Themas haben und gleich mit dem Prüfer Kontakt aufnehmen.

Vielleicht erinnert Sie die Situation an die »ewig langen« Minuten vor einem Liveauftritt. Sie werden gleich auf die Bühne gerufen und müssen Ihre Künste zeigen. Da gehört das Lampenfieber nun einmal dazu. Ist Ihre äußere Erscheinung stimmig für Sie? Fühlen Sie sich wohl in der Kleidung, die Sie für heute gewählt haben? Aber auch wenn etwas nicht perfekt ist – ein Fleck auf der Bluse, Achselränder vom Schwitzen –, Ihre Prüfung wird daran nicht scheitern.

Ein Student überbrückte die Wartezeit vor dem Prüfungszimmer, indem er mit vier Bällen jonglierte. Eine passende Vorbereitung auf die Prüfung, denn dort geht es ja auch darum, mit den Inhalten des Themas konzentriert und möglichst virtuos umzugehen und dabei die Übersicht zu behalten. Verbieten Sie sich ab jetzt jeden Gedanken an das, was Sie nicht gelernt haben. Schalten Sie die phonologischen Schleifen in Ihrem Kopf aus, mit denen Sie ständig die allerletzten Jahreszahlen oder Formeln wiederholt haben, um sie ja nicht zu vergessen. Suchen Sie den

Kontakt zum Thema, indem Sie sich bewusst machen, was Sie können. Denken Sie nicht an Einzelheiten des Themas, sondern an seine Struktur, an Ihre Gliederung oder an die verschiedenen Kapitel, in denen Sie sich auskennen. Vor allem aber: Stellen Sie sich darauf ein, mit Ihrem Prüfer in Kontakt zu treten, wenn Sie ihm jetzt gleich begegnen werden.

Jetzt sind Sie dran

Die Tür zum Prüfungsraum öffnet sich, und ein Lichtstreifen fällt auf meine Bank. Ich bin geblendet, hebe meine Hand vor die Augen. Ich weiß: Jetzt bin ich dran. Wie auf Befehl rucke ich hoch. Aber mehr, als meinen Oberkörper nach oben zu recken, gelingt mir plötzlich nicht mehr. Ich starre auf meine Beine, sie gehorchen mir nicht. Auf meinen Armen stehen in unzähligen kleinen Perlen Schweißtropfen, dicht an dicht geordnet, wie eine glänzende Gänsehaut. Jetzt beginnen auch meine Knie zu zittern. Meine Beine werden weich. Rasch, bevor sich dieser Zustand noch steigern kann, zwinge ich mich zum Stehen. Aber als ich mich von der Bank hochdrücke, sehe ich mit Entsetzen, wie sich meine Knie nach außen dehnen. Und zwar so gespenstisch langsam, dass ich mir für einen Moment einbilde, sie müssten aus Knete bestehen. Ein Schrei will mir entfahren, stattdessen aber entwindet sich meiner Kehle nur ein tiefes, erdiges Röhren.»Moooouuuuor!«, rufe ich dem Prüfer entgegen, von dem ich nur einen Umriss in der Tür sehe, weil er im Gegenlicht der Zimmerbeleuchtung steht. Ich werfe ihm meine Arme entgegen, in der Hoffnung, er würde mir zur Hilfe eilen, aber stumm und reglos verharrt er im Schutz des Türrahmens und beobachtet mich.»Moooooaaar!« Meine Waden werden immer schlaffer, und ich sacke nach vorne auf die Knie, verbleibe einen Moment in einer Art Hocke. Die Knochen in meinen Beinen haben sich nun vollständig aufgelöst, und ich falle vornüber. Mein Gesicht schlägt hart auf dem Boden auf.»Kommen Sie nun endlich?!«, ruft der Schatten in der Tür, und ich beginne, mit der letzten Kraft, die meinen Armen verblieben ist, über den Boden zur Türe hinüber zu robben. Aber auch dieser Versuch dauert unendlich lang. Ich spüre, wie etwas Kaltes meine Wirbelsäule heraufzieht und wie ein taubes Gefühl von meinem Körper Besitz ergreift. Mein Entsetzen ist mittlerweile grenzenlos, und ich zwinge mich, meine Anstrengungen zu erhöhen. Ich rutsche vorwärts, rudere mit den Unterarmen über den Steinboden.»Mmmmuuurrrrr!« Ich begreife, dass die eisige Welle in meinem Rücken jeden Moment auch mein Herz und meinen Kopf erreichen kann.»Wenn Sie jetzt nicht augenblicklich kommen, müssen wir das Ganze hier abbrechen. Dann sind Sie durchgefallen. C'est la vie.« Der Mann bleibt noch einen Moment in der Türe stehen, macht dann einen Schritt auf den Gang hinaus und bückt sich nieder. Er begutachtet ein loses Bündel aus Jeansstoff, T-Shirt, Haaren und Schuhen, das in einer schmutzigen Lache schwimmt.

Halt! Stop! Weshalb denn jetzt so ein Horrortrip? Müsste nicht jeder Leser längst über diese Phase hinweg sein und sich vor solchen Attacken des Unbewussten schützen können?! Na ja, schön wär's. Prüfungsängste lassen sich leider nicht einsperren und kontrollieren. Bis zuletzt stacheln sie unsere Fantasien zu Höchstleistungen an. Und dabei kommen höchst skurrile, aber auch faszinierende»Kopf-Filme« heraus. Auch wenn diese bewegten Bilder noch so beängstigend sind: Geben Sie Ihrer Fantasie Raum. Denn sie kann Ihnen etwas darüber mitteilen, was Ihnen noch fehlt, um die anstehende Prüfung zu bewältigen. Damit Sie aus dem Teufelskreis der eigenen Horrorfantasien herausfinden, kann es Ihnen vielleicht helfen, wenn Sie anfangen, zwischen den Fragen zu unterscheiden:»Was *kann* alles passieren?« und:»Was *wird* realistischerweise passieren?« Bleiben Sie nicht bei Ihrer Horrorfantasie stehen. Realitätsprüfung ist angesagt. Wieder mal.

»Ich kenne Sie irgendwoher. Sagen Sie nichts ...«

In Wirklichkeit wird Ihre Prüfung eher so ablaufen: Wenn Sie in den Prüfungsraum gerufen werden, können zwar tatsächlich Ihre Beine anfangen zu zittern, und auch der kalte Schweiß könnte Ihnen jetzt ausbrechen – Ihre Prüfung wird trotzdem nicht daran scheitern. Sie werden wahrscheinlich in den Prüfungsraum geführt werden, wo man Sie bereits erwartet. Beisitzer und Prof wollen diese Prüfung hinter sich bringen – genau so wie Sie, vermutlich. Und sie werden Ihnen helfen, so gut es geht. Viele Prüflinge machen die Erfahrung, dass ihnen ihre Prüfer grundsätzlich wohl gesonnen sind und sogar regelrecht mit ihnen mitfiebern. Nehmen Sie diese Hilfe an. Schauen Sie dem Prüfer bei der Begrüßung in die Augen und reichen Sie ihm die Hand. Wenn Sie gefragt werden, wie es Ihnen geht oder ob Sie sich gesundheitlich in der Lage fühlen, mit der Prüfung zu starten, antworten Sie am besten ganz ehrlich. Fangen Sie nicht an, darüber nachzugrübeln, was der Prof mit Äußerungen wie »Wir kennen uns ja schon lange« oder »Ich habe Sie ja schon ewig nicht mehr gesehen« meinen könnte. Vielleicht versucht er einfach nur, über den Aufbau einer persönlichen Ebene ein wenig Prüfungsdruck von Ihrer Seele zu nehmen. Selbst wenn Sie seine Äußerungen nicht recht einschätzen können, lassen Sie sich nicht davon irritieren. Ab jetzt hängt viel davon ab, ob Sie im Kontakt zum Prüfer bleiben. Wenn er Sie aber mit einer Bemerkung so stark irritiert, dass Sie das als Störung empfinden, sprechen Sie den Prüfer ruhig darauf an und klären Sie, wie er das gemeint hat. Wichtig ist, dass Sie weiterhin offen bleiben für seine Fragen und Hinweise. Dann wird sich auch rasch – wieder – ein Gespräch über das Thema entwickeln. Tja, und dann kann eigentlich auch schon gar nichts mehr schief gehen.

What's your door-opener?

Gleich zu Beginn Ihrer Begegnung hat aber erst mal der Prof ein kleines Problem. Er muss nämlich einen Einstieg in die Prüfung finden. Das ist zwar keine große Sache, aber immerhin muss er sich zunächst wieder erinnern, wer Sie sind, um was für eine Prüfung es sich handelt und um welches Thema es überhaupt geht. Und dann muss er entscheiden, wie er anfangen wird. Läge ihm jetzt eine von Ihnen angefertigte Zusammenstellung der Themen vor, versehen mit Ihrem Namen und der Prüfungsart (zum Beispiel »Magister-Nebenfachprüfung Biologie«), dann würde es ihm womöglich viel leichter fallen, einen Einstieg auf einer gemeinsamen Grundlage zu finden. Ein solches Handout hätte für beide Seiten Vorteile: Dem Prof könnte es dabei helfen, sein Gedächtnis mit ein paar Hinweisreizen in Gang zu bringen, und Sie könnten dem Prüfer zu einem gezielten Einstieg anreizen, der durch genau diejenigen Stichpunkte bestimmt wird, die Sie im Vorfeld gut präpariert haben.

Allerdings: Der Anfang könnte auch ganz *anders* aussehen. Manche Prüfer machen es sich mit dem Einstieg leicht und überlassen dem Prüfling das Feld. Da heißt es nur: »Dann fangen Sie doch mal an ...« – und schon ist der Ball wieder bei Ihnen. Perfekt wäre es jetzt, wenn Sie den ersten Satz *Ihres* Einstiegs bereits auf der Zunge hätten. Wäre also nicht verkehrt, sich darauf vorzubereiten.

Von null auf hundert in null komma nichts

Andere Professoren wiederum gehen nach ihrer Standardliste von Fragen und Aufgaben vor. Meistens haben die ersten Fragen einen einleitenden, hinführenden Charakter. Sie sind offener formuliert und zielen noch nicht auf die *sophisticated details*. Ist der allererste Einstieg schließlich erfolgt, können Sie das Thema etwas eingrenzen, indem Sie bei der Beantwortung der Fragen Ihre eigenen Schwerpunkte setzen. Damit lenken Sie den Prüfer auf »sicheres Terrain«. Vermutlich wird er Ihnen dafür sogar dankbar sein. Gut möglich nämlich, dass Ihnen durch Ihre Prüfungsvorbereitung der Stoff momentan präsenter ist als ihm. Es gibt aber auch Prüfer, die einen Karteikasten mit Fragenzetteln auf den Tisch stellen und die Kandidaten daraus ziehen lassen. Ein solcher Einstieg stellt an die Gedächtnisleistung des Prüflings besondere Anforderungen, denn solange nur Daten und Fakten abgefragt werden, erhält der Prüfling viel weniger Abrufreize, als wenn ihm Fragen gestellt werden, die auf Bedeutungsverknüpfungen oder persönliche Stellungnahmen zielen.

Aber selbst wenn Ihr Prüfer den Themeneinstieg mit völlig beliebigen Wissensfragen aus dem Fachgebiet beginnt, kann es sein, dass es im Laufe der Prüfung immer mehr um Anwendungen, kritisches Hinterfragen und Begründungen gehen wird. Vielleicht möchte der Prüfer am Schluss der Prüfung noch sehen, wie selbständig Sie mit dem Stoff umgehen können, den Sie zu Beginn nur rekapitulieren mussten. Seien Sie empfänglich für die Impulse, die er Ihnen gibt; sie sind ein Hinweis auf das, worauf er hinaus will. Es kommt leider viel zu oft vor, dass Prüfungskandidaten bis zum Rand abgefüllt sind mit Daten und Faktenwissen, ohne sich eine gewisse Offenheit für die Fragen und Impulse des Prüfers bewahrt zu haben. Natürlich haben diese Leute dann buchstäblich alle Hände voll zu tun mit vorher zurechtgelegten, starren Argumentationsfäden. Sie sind so blockiert, dass sie auf eine unerwartete Frage der Professoren nicht mehr reagieren können. Sie wollen die Fäden, an die sie sich krampfhaft klammern, nicht loslassen und können den Strang, den der Prüfer ihnen anbietet, nicht mehr aufnehmen. Wenn nach dem Einstieg jedoch ein echtes Gespräch zustande gekommen ist, sind Prüfer und Prüfling voll bei der Sache – beim Thema. Dann wird die Prüfung auch gelingen.

»Wie ich heiße? Diese Frage war nicht abgesprochen!«

Viele mündliche Prüfungen beginnen damit, dass der Prüfling zunächst aufgefordert wird, das Prüfungsthema in einer Art Kurzvortrag vorzustellen. Freie Rede in einer Benotungssituation – für viele der totale Horror! Was extrovertierte Studenten zu Höchstleistungen anregt, löst bei der schweigenden Mehrheit eher Schüttelfrost und Stotterattacken aus. Das Schlimme daran: Stures Auswendiglernen steigert sogar noch die Wahrscheinlichkeit des Scheiterns. Denn wenn Sie jetzt in der Dialogsituation einen auswendig gelernten Text abspulen, besteht die Gefahr, dass Sie mit Ihrem Sermon sowohl Prüfer als auch Beisitzer furchtbar langweilen. Und das hat Folgen: Sie zwingen Ihre Prüfer zum Äußersten – zur Unterbrechung Ihrer sorgfältig memorierten Vorlesung mit irgendwelchen Fragen. Das ist sehr verständlich, denn Ihre Prüfer handeln gewissermaßen aus Notwehr: Um nicht einzuschlafen, werden sie aktiv. Das könnte Sie rasch vor ein Problem stellen: Die schlimmsten aller Prüfungsfragen sind nämlich die beliebigen, die nichts mit dem aktuellen Gesprächskontext zu tun haben. Sie liefern in dieser Situation so gut wie keine Abrufreize, die Ihnen einen nützlichen Hinweis zur Beantwortung der Frage liefern könnten.

Aber woher kommt diese enorme Angst vor der freien Rede? Freie Rede ist eigentlich nichts anderes als Sprechdenken (Pabst-Weinschenk 1995, S. 27 ff.). Sie denken während des Sprechens und sprechen während des Denkens. Dabei entstehen innere Bilder, an denen Sie sich orientieren und die Sie beschreiben können. Dazu ein Beispiel: Sie sollen einem guten Freund erklären, wie er Ihre Lieblingspizza, die er soeben mit der grazilen Anmut eines ausgehungerten Primaten vom Teller geputzt hat, in Zukunft auch ohne Ihre Hilfe aus dem Ofen zaubert. Jetzt werden Sie ihn nicht einfach wortlos sitzen lassen, um nach dem Rezept zu suchen oder sich vor den Laptop schwingen, um eine PowerPoint-

Präsentation zu erstellen. Das können Sie viel spontaner. Während Sie ihm mit Begeisterung die einzelnen Schritte der Zubereitung erklären, werden Sie sich zuvor die einzelnen Handgriffe genau vor Augen führen: wie Sie den Teig kneten, dann die Tomatensoße darauf verstreichen und wie Sie dann die Artischockenherzen mit den Sardellen und der Trauben-Nuss-Schokolade ... mmmh. Sie verstehen schon: Wenn Ihnen bei der Beschreibung selber das Wasser im Mund zusammenläuft, können sowohl Sie als auch Ihr Freund sich gut vorstellen, wie delikat das Ergebnis werden wird. Und vor allem brauchen Sie bei dieser Art des Vorgehens keine Angst davor zu haben, dass Sie irgendwann nicht mehr weiter wissen. Bei einer frei gehaltenen Rede, bei der Sie alles, was Sie ausdrücken wollen, bildhaft vor Augen haben, wird kein Faden reißen. Auch Ihrem Freund wird es gelingen, die Pizza aufs Blech, in den Ofen und auch wieder heraus zu kriegen, denn er hat Ihnen fasziniert zugehört (mit etwas Glück kriegen Sie *diesmal* sogar ein Stück ab). Klares Sprechdenken fesselt die Zuhörer. Und dafür brauchen Sie kein Manuskript.

Dramaturgie einer Speisekarte

Wenn Sie die Gelegenheit bekommen, Ihr Thema gleich zu Beginn der Prüfung zu beschreiben, sollten Sie (wie bei jedem guten Vortrag) Ihren Zuhörern zunächst mitteilen, was diese sonst noch alles erwartet. Wie die Menükarte in einem Haute-Cuisine-Restaurant sollte Ihre Einleitung den Anwesenden deshalb einen guten Überblick darüber bieten, was sie von Ihnen kredenzt bekommen. Vermeiden Sie es, Ihren Vortrag mit subtilen Einzelheiten zu beginnen. Sonst geraten Sie in Gefahr, dass man Sie nach kurzer Zeit unterbricht, obwohl Sie noch nicht mal beim Hauptgericht angelangt waren. Wenn Sie jedoch gleich am Anfang einen Überblick über alles geben, was Sie vorbereitet haben, weiß der Prüfer genau, über welches Gebiet er Sie fragen kann.

Weder Quiz noch Quasseln

Warum erst eine umständliche Einleitung, fragen Sie vielleicht. Warum nicht gleich »zur Sache« kommen und alles herunter erzählen? Mit einer Einleitung nutzen Sie die Chance, den Prüfer mit Ihrem Thema zu verbinden. Sie fesseln seine Aufmerksamkeit und setzen Orientierungsmarken, die er so miteinander verknüpfen kann, dass er erkennt, wo Sie »hin« wollen. Der Prüfer will Sie verstehen und wird eine Reaktion zeigen. Er klinkt sich in Ihr Themenszenario ein. Nur ganz selten kommt jetzt eine Frage, die überhaupt nichts mit dem zu tun hat, was Sie gerade erzählt haben. Versuchen Sie deshalb, seine Bemerkungen, Fragen und Einwände auf der Grundlage dessen zu verstehen, was Sie soeben vorgetragen haben: Warum ist diese Frage dem Prüfer jetzt wichtig? Welcher Aspekt des Themas könnte zu seiner Frage passen? Es geht jetzt also nicht darum, ein im Gedächtnis gespeichertes Bild oder ein umfangreiches Datenpaket abzurufen und vorzuzeigen. Es ist vielmehr nötig, direkt auf die Frage des Prüfers einzugehen, weil jede Kommunikation normalerweise von gegenseitigem Verständniswillen geprägt ist. Vorgefertigte Antworten bringen Sie hier nicht weiter. Sie müssen erspüren, worauf Ihr Prüfer hinaus will. Das erfordert, dass Sie innerlich flexibel bleiben.

Gute Antworten haben Zeit

Nachdenken, im Kopf gliedern und antworten – so sieht die ideale Reaktion auf eine Prüfungsfrage aus. Aber wie ist eine derartige Konzentrationsleistung unter dem Druck eines Prüfungsgesprächs möglich? Die Erfahrung zeigt: Wenn eine Prüfung hektisch wird, hat der Prüfling oft seinen Anteil dazu beigetragen. Die meisten Kandidaten sprechen zu schnell und lassen sich mit ihrer Antwort nicht genug Zeit. Dadurch machen sie leichter Fehler. In einer Prüfungssituation können zwischen Frage und Antwort bis zu sieben Sekunden Gesprächspause liegen, ohne dass dies als Störung oder gar Hemmung empfunden wird (Dietze 1999, S. 95 ff.). Probieren Sie das einmal aus. Zählen Sie laut von 21 bis 27. Das sind sieben Sekunden. So lange können Sie nachdenken und überlegen, ohne dass der Prüfer seine Unterlagen wieder einpackt. Wie befreiend es doch sein kann, wenn man weiß, dass Pausen erlaubt sind! Andererseits schadet es meist auch nicht, wenn Sie laut nachdenken und Ihren Denkprozess transparent machen. So kann der Prüfer Ihre Herleitung mit verfolgen. Das interessiert ihn garantiert.

Stellen Sie sich ihre Fragen doch einfach selbst

Aber nicht jede richtige Antwort ist automatisch gut für den Prüfungsverlauf. Gute Prüfungsantworten beinhalten nicht nur harte Fakten, sondern auch Konsequenzen und Implikationen. Hier kommen auch »ökonomische« Aspekte ins Spiel. Wenn Ihre Antwort auf die Frage des Prüfers inhaltlich zwar richtig, dafür aber nur knapp ausfällt, ist der Prüfer gezwungen, sich rasch eine neue zu überlegen. Und ganz schnell befinden Sie sich nicht mehr in einem Gespräch, sondern in einem Quiz, aus dem Sie sich, wenn alles dumm läuft, schon nach der 500-Euro-Frage verabschieden könnten. Gute Prüfungsantworten beinhalten ein thematisches Plus, einen Mehrwert beziehungsweise thematischen »Überschuss«, der dem Prüfer Anknüpfungspunkte und Hinweisreize für die nächste Frage gibt.

In der Wahl Ihrer Antwort liegt demnach auch der Schlüssel für die Lenkung der Prüfungsfragen. Wenn Sie sensibel und geschickt genug sind – und wenn sich der Prüfer auf Ihre Fährten einlässt –, führen *Sie* das Gespräch und leiten es auf den Pfad, den Sie sicher beherrschen. Sie lenken das Gespräch, wenn Sie beispielsweise unterschiedliche Auffassungen und Interpretationen anbieten. Damit erweitern Sie das Themenspektrum und liefern sich selbst und dem Prüfer neue Stichworte. Wenn Sie etwa in Ihrer Antwort Ihr eigenes Spezialthema anklingen lassen, bekommt der Prof die Gelegenheit, Ihnen im Gespräch auf dieses Gebiet zu folgen. Wenn Sie bei all dem flexibel bleiben, vermeiden Sie die Gefahr, dass Sie sich selbst zum Antwortautomaten für die Fragen des Prüfers machen. Hinterfragen Sie Ihrerseits ruhig auch mal seine Frage: Wer hat sie so ähnlich schon einmal gestellt? Worauf zielt sie ab? In welches logische Dilemma könnte sie führen? Wenn der Prüfer selbst einen Kommentar gibt, lassen Sie diesen nicht unbeachtet, gehen Sie auf ihn ein – aber natürlich nur, wenn Ihnen etwas dazu einfällt.

Einsteins Irrtümer kosten Zeit

Sie dürfen ruhig auch Vermutungen aussprechen. Diese können Sie leicht als Hypothesen für neue Forschungsvorhaben kennzeichnen. Vorsicht ist jedoch geboten vor allzu ungeschützter Preisgabe der eigenen Meinung (»Ich finde das alles zu wenig durchdacht.«) und der Äußerung größenwahnsinniger Urteile (»Da irrte Einstein.«). Bedenken Sie, dass Sie zur Not alles, was Sie sagen, begründen müssen. Und wenn Sie sich irgendwo festbeißen, kostet das Zeit. Es bleiben Ihnen generell nur wenige Minuten, so viel wie möglich von Ihrem Wissen zu präsentieren. Wenn Sie in der Prüfung das Gefühl haben, dass die Zeit verfliegt, ist das ein gutes Zeichen. Ein schwerfällig verlaufendes Prüfungsgespräch dagegen scheint sich unendlich in die Länge zu ziehen.

Betrachtungen von der Mitte des Schlauchs aus

Wenn Sie eine Frage nicht beantworten können, haben Sie prinzipiell zwei Möglichkeiten: Entweder Sie fragen nach, ob der Prüfer sie Ihnen nochmal erläutern kann oder Sie

gestehen die Lücke ein. Ein spontanes »Weiß ich nicht!«
könnte jedoch so verstanden werden, dass Sie keine Lust
haben, sich mit der Frage zu beschäftigen. Geben Sie nicht
kampflos auf. Sie können nie ganz sicher sein, ob Ihnen
nicht vielleicht doch noch etwas zu dem Thema einfällt.
Womöglich fehlt Ihnen bloß die Starthilfe. Die brauchen
Sie. Indem Sie nachfragen, erhöhen Sie Ihre Chancen, doch
noch eine gute Antwort zu finden. Durch Nachfragen bringen Sie nämlich den Prüfer dazu, seine Frage noch einmal
mit anderen Worten zu stellen oder sie sogar zu erläutern.
Damit erhalten Sie neue Hinweisreize, die Ihnen weiterhel-
fen können, wenn Sie gerade auf dem Schlauch stehen.

»Schluck – jetzt hat er mich!«

Allerdings können Ihnen auch die besten Hinweis- oder
Abrufreize nicht helfen, wenn nichts da ist, das abgerufen
werden könnte. Hier gibt es keine Ausreden. Wenn Sie sich
wenigstens um eine Antwort bemühen und dann trotzdem
nichts finden, können Sie ruhig zugeben, dass Sie die Frage
nicht beantworten können. Der Prüfer hat eine Ihrer Grenzen gefunden. Jetzt wird er thematisch einige Schritte
zurück gehen und in einer anderen Richtung weiterfragen.
Oder er wird an einer ganz anderen Stelle noch einmal neu
ansetzen. Aber selbst dann, wenn Sie das Gefühl haben, hier
spiele jemand »Schiffe versenken« mit Ihnen (wobei natürlich nur *Ihre* Schiffe zur Disposition stehen), sollten Sie
nicht dem pauschalen Eindruck erliegen, Ihr Prüfer wolle
nichts anderes, als nur Ihre Lücken aufzuspüren. Versuchen
Sie, ihm zu folgen und den Kontakt zu Ihrem Thema wieder
herzustellen.
   Diese Situation sollte auch nicht mit den berüchtigten
»Blackouts« verwechselt werden. Wer eine Frage nicht beantworten kann, leidet nicht automatisch an einem Total-
verlust der Erinnerung. Über Blackouts in Prüfungen sagen
Studierende: »Ich wusste gar nichts mehr.« Das heißt: Ob-

wohl ihre Gedächtnisspeicher gut gefüllt waren, haben sie keine Verbindung zwischen den Gedächtnisinhalten und ihrem Bewusstsein herstellen können. Wenn es wirklich zu einem Blackout kommen sollte, ist es wichtig, nicht in Panik zu verfallen. Versuchen Sie, den Kontakt zum Prüfer erneut aufzubauen. Teilen Sie ihm mit, wo es gerade bei Ihnen hakt. Dann kann er Ihnen helfen, wieder ins Thema zurück zu finden.

Die Kurve kriegen

Jedes gute Gespräch hat ein angemessenes Ende, es bricht nicht einfach ab. Wenn Sie es mit einem geübten Prüfer zu tun haben, können Sie sich darauf verlassen, dass er die Zeit im Blick hat und Ihnen signalisiert, wenn die Prüfung sich ihrem Ende zuneigt. Es bringt dann nichts mehr, alle möglichen Einfälle und Ideen als Eilpakete bei ihm abzuliefern. Auch wenn man gerade so schön im Thema drin ist, sollte man sich bemühen, auf die Wünsche des Prüfers einzugehen: Vielleicht möchte er jetzt von Ihnen ein Resümee hören oder eine Schlussfrage stellen. Möglich wäre allerdings auch, dass er bei der Bewertung Ihrer Leistung noch zwischen zwei Noten schwankt und Ihnen gerne eine Entscheidungsfrage stellen möchte.

Das Ende des Prüfungsgesprächs und die Verabschiedung runden die Prüfung ab. Mit den letzten Worten und Gesten hinterlassen Sie auch die letzten Eindrücke bei Ihren Prüfern. Das Empfinden, eine stimmige Prüfung erlebt zu haben, wird auch auf die Notenvergabe wirken. Schade eigentlich, dass viel zu viele Prüfungen ohne Händedruck und ohne ein freundliches Wort zum Abschied über die Bühne gehen. Begrüßung und Abschluss sind nämlich wie ein Rahmen, der den Prüfungsinhalt umschließt. Was dazwischen passiert, ist von einer klaren Struktur umgeben.

Bestanden

Hallo Draxx!

Das ist ein Aufruhr, was?! Ist vielleicht besser, wenn du bis zum Ende der Verhandlungen in deiner Höhle bleibst. Könnte klüger sein. Wie ich aus zuverlässiger Quelle erfahren habe, stehst du nämlich unter ständiger Beobachtung. Die glauben, dass du fliehen willst. Ich weiß, dass das bescheuert ist. Mir brauchst du also die Ohren nicht voll zu jammern. Ist übrigens gar nicht so leicht, dir unbemerkt eine Nachricht zukommen zu lassen.

Ach so, weshalb ich dir überhaupt schreibe: Ich wollte dir eigentlich nur mitteilen, dass ich das Prüfungsprotokoll zwar an Pythoxx, aber noch nicht ans Ministerium geschickt habe. Dachte mir, das könnte dich interessieren. Nur so, halt. Ich meine, du hast doch bestimmt ein bisschen Panik gehabt, dass ich dich verpfeifen würde, oder? Hab' mir aber gedacht: „Nein, das tust du nicht. Das kannst du dem guten, alten Draxx nicht antun. Das ist eine Sache zwischen Draxx und dem ehrenwerten Pythoxx." Also hab' ich's sein lassen. Im Nachhinein find ich's auch gar nicht so dumm von mir. Da haben wir doch alle drei was, das uns auf Dauer miteinander verbindet, oder? Also wegen mir braucht das auch gar keiner wissen. Es sei denn, du selbst möchtest unsere letzte Begegnung publik machen. Das ist ganz deine Sache. Aber irgendwie glaube ich nicht, dass du daran Interesse hast, ich ehrlich gesagt auch nicht. Und der ehrenwerte Pythoxx wird ebenfalls den Teufel tun, auf Herausgabe des Protokolls zu klagen. Das hab' ich so im Urin. Der ist so merkwürdig handzahm geworden in letzter Zeit. Ich glaub, der würde mir im Augenblick jeden Wunsch erfüllen.

Ähm, hab' ich dir eigentlich schon gesagt, weshalb ich dir überhaupt schreibe? Also, die Sache ist die: Ich möchte dir 'nen Deal vorschlagen. Sagen wir, so eine Art Freundschaftsdienst. Einen Gefallen quasi. Die Sache ist nämlich die: Wie ich aus gut unterrichteten Quellen weiß, ist es an höherer Stelle gut angekommen, dass du gleich nach deiner – sagen wir: nach deinem Abhandenkommen alle vorhandenen Materialien zum Fall Felix in Kopie ans Ministerium geschickt hast. Also zusätzlich zu den bereits beschlagnahmten. Und soll ich dir was sagen: Du hast

Glück, dass ich es war, der dir in der Prüfungsstunde Gesellschaft geleistet hat. Ich verfüge nämlich über persönliche Beziehungen zum Akademiedirektor (eine alte Familienverbindung über sechs Generationen, nicht der Rede wert). Hab' dem alten Herrn mal gesteckt, was wirklich gelaufen ist in der Prüfung. Keine Panik. Hab' das mit dem Schluss natürlich vorerst nicht erwähnt. War auch erst mal nicht so wichtig, denke ich. Ist mehr so'n persönliches Ding zwischen ihm und Pythoxx. Ich habe den Eindruck, dass es ihm bei der Sache deshalb auch immer weniger um dich geht. Nur so 'ne Einschätzung von mir. Eine Momentaufnahme sozusagen. Kann sich natürlich sofort wieder ändern. Also, natürlich nur, wenn du deine Klappe aufreißen solltest und Beschützergefühle für deinen alten Lehrer hegst. Denn noch bist du nicht aus dem Schneider. Wollte ich dir einfach nur mal sagen. Würd mir insgeheim so'n bisschen wünschen, dass du genau das machst, was du jetzt auch tust: Bleiben, wo du bist, und das Maul halten. Überlass doch einfach alles weitere dem Ministerium. Wird schon schief gehen. Ist natürlich nur'n Vorschlag von mir. Okay? Ich find dich nämlich eigentlich ganz sympathisch. Nur so, halt.

Du hörst von mir.

Boxx

Coaching

Philipp studiert Germanistik und hat seit seiner Zwischenprüfung vor sieben Semestern keine mündliche Prüfung mehr absolviert. In der damaligen Prüfung hatte er sich sehr unwohl gefühlt. Er reagierte sehr wortkarg und ließ die Prüfung über sich ergehen. Jetzt hat er die erste von drei mündlichen Prüfungen seines Abschlussexamens bestanden.

Coach: Ich sehe, dass Sie sich freuen.

Philipp: Ja, ich bin noch ganz aufgedreht von der Prüfung gestern. Ich fühl' mich, als wäre ich gedopt.

Coach: Was war denn der Auslöser für dieses Glücksgefühl?

Philipp: Ich weiß nicht so genau, aber ich glaube, mich hat die Gesprächsatmosphäre gestern total umgehauen.

Coach: Erzählen Sie doch mal.

Philipp: Es hat einfach alles gestimmt. Auch der Prof war auf die Prüfung vorbereitet. Das hatte ich nicht so erwartet. Er hat meinen Namen gewusst, hat mich richtig freundlich begrüßt und mir die Beisitzerin vorgestellt. Die Gliederung, die ich ihm vorher gemailt hatte, lag schon ausgedruckt auf dem Tisch. Dann fing er direkt an und sagte: »Geben Sie uns zu Beginn doch mal einen ganz kurzen Einstieg in Ihr Thema.«

Coach: Das klingt sehr harmonisch.

Philipp: Ja. Na ja, Harmonie ist vielleicht nicht ganz das richtige Wort. Es war schon eine echte Prüfung. Ich hab' kämpfen müssen. Es ist auch nicht bilderbuchmäßig abgelaufen. Am Ende gab's nur die 1,7. Das ist nicht so besonders gut bei uns.

Coach: Mit welchem Adjektiv würden sie denn diese Prüfung umschreiben?

Philipp: Ich würde sagen, sie war echt. Alle waren echt. Keiner hat irgendwie gespielt. Ich war ganz präsent, konnte nachdenken und habe das gesagt, was ich wusste. Und der Prof hat auch nicht rumgedruckst. Er hat mir ganz offen gesagt, was er gut fand und was er sich für eine glatte Eins noch gewünscht hätte. Damit hat er mir indirekt sogar noch weitergeholfen. Also für die nächste Prüfung, die ich am Dienstag machen muss.

Coach: Die erste mündliche Prüfung Ihres Abschlussexamens hat also eine viel positivere Atmosphäre gehabt als Ihre Zwischenprüfung.

Philipp: Ja, total. Und darüber bin ich echt froh. Für mich ist das eine so ... bewegende Erfahrung. Vielleicht verstehen Sie mich: Es hat mich irgendwie ... mit der Welt versöhnt.

Coach: Sie haben das Vertrauen wiedergefunden?

Philipp: Kann man so sagen. Es ist irgendwie so, als hätte ich durch diese Prüfung einen Beweis dafür bekommen, dass ich keine Angst mehr vor Auseinandersetzungen haben muss. Dass es so etwas wie eine Verbundenheit zwischen den Menschen gibt, die auch in der Prüfung hält. Das klingt jetzt idiotisch, oder?

Coach: Nein, das klingt gut. Und das kann auch für die nächsten Prüfungen wichtig sein.

Philipp: Das hätte ich nie gedacht, dass bei all diesen bescheuerten Prüfungen am Ende noch so wichtige Erfahrungen für mich bei rausspringen und ich sogar noch Selbstbewusstsein für mich rausziehen kann.

Time out: Bestanden

Keine Fans, keine Stimmung = Magister?

»Ach, nee! Tauchst du auch mal wieder auf!? Du hast doch letzte Woche Prüfung gehabt.« –»Mmm ja.« –»Und? Wie war's?« –»Ganz okay.« –»Jetzt sag schon, was für 'ne Note hast du?« –»Na ja, 'ne Zwei.« –»Na also! Und dafür hast du dich wochenlang verrückt gemacht?!« –»Ja, ich bin ganz zufrieden.« Ist das nicht fies? Da erträgt man mit Engelsgeduld monatelang die übelsten Launen des zum Prüfungskandidaten mutierten Freundes und dann, wenn er alles hinter sich hat, muss man ihm die Ergebnisse aus der Nase ziehen. Wo bleibt der Schampus, wo die knallenden Korken? Überhaupt: Warum zieht er so einen Flunsch? Traurig, aber wahr: Kaum eine Examensfeier erreicht die Stimmung einer durchschnittlichen Abi-Fete. Woran liegt das? Warum gelingt es den meisten Studierenden zwar, die komplexesten theoretischen Zusammenhänge awardsverdächtig zu präsentieren, aber beim Abfeiern ihrer Studienerfolge total abzuluschen?

Die Zigarette danach

Das war sie also, die Prüfung. Irgendwie ernüchternd, wenn man nochmal über alles nachdenkt. Tatsächlich geraten die meisten Studis nach ihrer Abschlussprüfung zunächst in eine Art Apathie. Aber nur, um anschließend so richtig hart in der »Realität« aufzuschlagen. Viele sacken regelrecht in sich zusammen, sobald sich ihre Anspannung löst. Was man als »Ernüchterung« bezeichnen könnte, ist in Wirklichkeit die Fortsetzung der Prüfungskrise mit anderen Akzenten. Ambivalent war sie, die Vorbereitungszeit: einerseits das ständige Wechselbad der Gefühle vor der Prüfung. Aber trotz Krisen und Druck wirkt das unausweichliche Ziel für viele

wie ein disziplinierendes Aufputschmittel; vielleicht sogar
als Herausforderung und Chance, jetzt endlich allen zu zeigen, was in ihnen steckt und dass sie das große Ziel aus eigener Kraft erreichen können. Viele stellen sogar fest, dass in
dieser Zeit ihre Fähigkeiten jeden Tag ein Stückchen mehr
wachsen. Auf der anderen Seite steht die Angst zu versagen
und schlechter zu sein als die Kommilitonen.
Diese Gefühlswechsel fallen nach der Prüfung mit einem
Schlag ersatzlos weg. Das Ziel ist erreicht. Zurück bleiben
häufig nur die Note – und Zweifel:»Das soll's jetzt gewesen
sein?! War meine Leistung wirklich so großartig? Und überhaupt: So toll kann's nicht gewesen sein, schließlich bestehen Jahr für Jahr Tausende ihr Examen! Und dafür mach' ich
mir ins Hemd?! Was ist daran so Besonderes?« Nichts ist so
ernüchternd wie die Realität – oder vielmehr das, was wir
dafür halten. Die Deutung des gerade Erlebten ist plötzlich
nicht mehr so grandios wie die Projektion *vor* der Prüfung.

»Ich hab' 'ne Eins. Tröstest du mich, bitte?!«

Wenn Sie die Prüfung zwar bestanden haben, aber Ihr Ergebnis eher enttäuschend ausgefallen ist, wird Sie auch der Ein-
wand, Sie hätten halt einen schlechten Tag erwischt, nicht
wirklich trösten. Jetzt steht die Note da wie ein Urteil, und
Sie werden sie nicht mehr los. Manche Studenten sind nach
der Prüfung auch über ihre Prüfer enttäuscht. Sie haben
zwar eine gute oder sogar sehr gute Note bekommen, aber
das Verhalten der Professoren hat ihnen den Eindruck ver-
mittelt, dass sie ihnen lästig waren und dass die Prüfer die
ganze Sache so schnell wie möglich hinter sich bringen
wollten. Die erhoffte Anerkennung ist den Kandidaten versagt worden. Vielleicht sind sie sogar dazu bereit gewesen,
auf die im Prüfungsdreieck beschriebenen Beziehungs-
ebenen einzugehen, aber der Prüfer hat sich verweigert und
den persönlichen Kontakt abgewiesen. Auch das muss erst
mal verdaut werden.

Aufbruchstimmung nach der Prüfung? Keine Spur. Ganz im Gegenteil. Die meisten fühlen sich wie gelähmt. Dazu kommt, dass sich ganz unbemerkt schon neue »Baustellen« aufgetan haben, die nach Aufmerksamkeit verlangen: Bewerbungen wollen geschrieben, der Umzug geplant und Ummeldungen in Angriff genommen werden. Aber keine Sorge, die Lethargie wird nicht ewig dauern. Es wäre falsch, sich jetzt gleich wieder unter Druck zu setzen und in Aktionismus zu verfallen. Die Bewerbungen haben ein paar Tage Zeit, auch die Besuche bei der Familie. Sogar die Diplomfete, die man allen versprochen hat, muss nicht am gleichen Abend ausgerichtet werden. Nach der Prüfung ist zunächst Entspannung angesagt. Vielleicht sogar ein bisschen Trauerarbeit?

Trauer ist das Gefühl, das auf den Verlust von Nähe und Geborgenheit antwortet. Geborgenheit in der Prüfung? Ist das kein Widerspruch?! Tatsächlich sprechen viele Studenten nach der Prüfung von einer inneren Leere. Sie leiden am Verlust einer Aufgabe, eines geregelten Tagesablaufs und eines klaren Ziels. Es scheint, dass das Erreichen eines Etappenziels während des Vorbereitungsprozesses glücklicher gemacht hat als die bestandene Prüfung selbst. So ganz unverständlich ist das nicht. Denn jetzt muss man sein Leben wieder neu strukturieren und sich neue Ziele setzen. Das kostet Energien und ist mit neuen Ängsten verbunden.

Wenn Sie dagegen zu denjenigen gehören, die sich freuen, den ganzen »Unikram« endlich hinter sich zu haben, müssen wir Ihnen an dieser Stelle ebenfalls einen kleinen Dämpfer verpassen: Nach der Prüfung ist vor der Prüfung. Wer garantiert Ihnen, dass dies die letzte Prüfung Ihres Lebens war?!

Biss in die Zuckerwatte

Mit dem Ende Ihrer Prüfung verlassen Sie das Beziehungsgeflecht des Prüfungsdreiecks wieder. Und das ausgerechnet zu einem Zeitpunkt, an dem das Dreieck seine größte Praxistauglichkeit unter Beweis gestellt hat. Nie waren Sie stärker mit Ihrem Thema verbunden, als in der geglückten Prüfung. Endlich waren Sie dazu bereit, dem Prüfer Auge in Auge Ihre Leistung zu präsentieren. Und Sie haben ein qualifiziertes Feedback bekommen – die erhoffte Anerkennung, über die Sie sich so lange unsicher waren. Bleibt die Frage, ob Sie mit dem Urteil Ihres Prüfers zufrieden sind. Hat er wirklich erkannt, was alles in Ihnen steckt? Oder haben Sie sich selbst im Urteil über Ihre Fähigkeiten getäuscht? Hat die Prüfung vielleicht sogar Qualitäten ans Licht gebracht, die Sie selbst noch nicht kannten?

Was bleibt eigentlich zurück von der Prüfung? Eine Momentaufnahme in der Erinnerung, die mit zunehmendem zeitlichen Abstand verblasst? Kann eine simple Note allen Ernstes der angemessene Lohn für monatelange Mühen und schmerzhafte Wachstumsprozesse sein? Eine nüchterne Zahl, die das Erlebte niemals vollständig dokumentiert?! In jenem Moment, als Sie den entscheidenden Kontakt zum Thema hatten und der Prüfer Ihnen Anerkennung zollte, hat sich das Prüfungsdreieck aufgelöst. Das Thema war und ist jetzt nicht länger *Ihr* Prüfungsthema mehr, sondern nur noch eines von vielen im Spektrum Ihres Fachgebietes. Der Prof ist nicht mehr Ihr Prüfer, er prüft vielleicht schon den nächsten Kandidaten und ist nicht mehr für Sie zuständig. Die Prüfungssituation, auf die Sie sich allmählich eingestellt haben, ist direkt nach dem Höhepunkt zu Ende gegangen. Irgendwie ernüchternd, dass Sie den »Berg der Prüfung« so plötzlich hinter sich gelassen haben. Erinnert ein bisschen an den ersten Kontakt mit Zuckerwatte als Kind: Die Augen meldeten etwas anderes als die Realitätsprüfung nach dem ersten Biss. Aber ist dieses bohrende Mangelgefühl, das Sie jetzt womöglich erleben müssen, denn wirklich das einzige, das zurückbleibt?

Eine fälschungssichere Bilanz

So sehr Ihr innerer Blick jetzt vielleicht auf das fixiert sein mag, was nicht mehr ist: Zunächst bleibt, dass Sie »es« geschafft haben! Und das gleich in mehrfacher Hinsicht. Sie haben es geschafft, den Vorbereitungsprozess durchzuhalten. Das ist nicht selbstverständlich, auch wenn jetzt vielleicht das Floskelschwein grunzt. Sie haben außerdem so gearbeitet, gelernt und präsentiert, dass Sie die Prüfung bestanden haben. Auch da muss man erst mal heil durchkommen. Es ist Ihnen darüber hinaus gelungen, Ihre Prüfungsangst zu überwinden. Wahrscheinlich haben Sie diesen unerwünschten Gast erst in der Vorbereitungszeit so richtig kennen gelernt und sind dennoch in der Prüfung handlungsfähig geblieben.

Und noch etwas haben Sie geschafft. Sie haben etwas Wichtiges zu Ende gebracht: eine große Etappe Ihres Studiums oder sogar Ihr *gesamtes* Studium. Für viele endet damit ein ganzer Lebensabschnitt.

Mutabor

Vielleicht haben Sie bereits festgestellt, dass auch Sie selbst sich verändert haben?! Der Prüfungsprozess hat Sie dazu gebracht, neue Arbeitsformen und Verhaltensstrategien zu entwickeln. Vor allem haben sich Ihr Gedächtnis und Ihr Wissen durch das viele Lernen weitgehend neu organisiert. Viele Studierende beklagen sich nach dem Abschlussexamen: »Jetzt habe ich so viel gelernt. Wen interessiert das eigentlich? Den ganzen Kram brauche ich nie mehr!« Stimmt. Teilweise. Natürlich wird das gerade einverleibte Wissen wohl nicht wieder in der gleichen Form abgefragt werden. Das Gelernte bleibt aber nicht so, wie es ist. Es wird fortwährend *dekontextualisiert* und steht Ihnen dadurch auch in ganz neuen Zusammenhängen zur Verfügung. Ihr »Repertoire« hat sich erweitert. Es wird Ihnen künftig leichter fallen, Schlüsselinformationen gezielt aufzurufen, sie mit neuen Informationen schnell zu verbinden und in Ihr umfangreiches Wissen zu integrieren – zum Beispiel im Job. Sie haben gelernt zu lernen. Und das wird sich auszahlen.

Ausgezeichnet im Niemandsland

Im ersten Kapitel haben wir beschrieben, dass Prüfungen eines der letzten Initiationsrituale unserer Gesellschaft sind. Gerade durch die Abschlussprüfung im Studium wird Ihnen ein neuer gesellschaftlicher Status verliehen. Sie sind jetzt Dipl., BA., Magister oder sogar Dr. – Gratulation! Darauf haben Sie hingearbeitet. Leider steht jetzt den meisten Absolventen noch eine kleine Schikane bevor. Sie müssen sich nämlich ihr Abschlusszeugnis beim Prüfungsamt selbst abholen; ziemlich unwürdig, aber in Deutschland gängige Praxis. Manche bekommen das Dokument sechs Wochen nach der Prüfung sogar einfach mit der Post zugestellt. Selbst Warensendungen aus dem Schweinkram-Versandhaus sind weniger anonym als diese traurige Praxis. Aber es ist symptomatisch: Häufig werden Studierende nach den Abschlussprüfungen von ihren Hochschulen allein gelassen. Und weil den meisten Absolventen die »neuen Kleider« noch nicht so recht passen, entsteht Unsicherheit über den Wert des in der Prüfung erreichten Ziels – so wie bei dem Kommilitonen zu Beginn dieses Kapitels.

Zum Glück haben bereits einige wenige Fachbereiche oder Hochschulen ihre Aufgabe und Verantwortung für diese gesellschaftliche Initiation erkannt. Sie richten Zeugnisübergaben sowie Diplom- und Abschlussfeiern aus. Dabei finden sie angemessene und ganz neue Formen, um der Freude der Ex-Studis über ihre gelungene Abschlussprüfung einen Rahmen zu geben. Mehr davon!

Durchgefallen

Beim letzten Text scheint es sich um den Auszug aus einer längeren Rede des Pythoxx zu handeln, die in Form einer Abschrift überliefert ist. Eine gewisse Ähnlichkeit mit der Handschrift von Boxx ist gegeben, lässt sich aber nicht zweifelsfrei nachweisen.

… möchte ich aber meine Bereitschaft, mich vorläufig aus allen Staatsämtern zurückzuziehen, nicht als ein Schuldgeständnis missverstanden wissen. Vielmehr handelt es sich hierbei um ein Zeichen von Solidarität mit der staatlichen Leitung, die in Form des hier einberufenen Gerichts den Fall Felix aufzuklären hat. Ich betone es daher nochmals: Alle gegen mich in dieser so genannten Hochverratsanklage genannten Punkte sind in sich völlig haltlos und in höchstem Maße lächerlich. Bereits ein knapper Hinweis auf den Leumund der ehrenwerten Herren Troppoxx, Moroxx und meines hochgeschätzten Vorgängers Phaluxx, die alle das über jeden Zweifel erhabene Gewicht ihrer Reputation in die Waagschale geworfen haben und zu meinen Gunsten aussagten, dürfte genügen, um die schäbigen Anklagepunkte hinwegzufegen. Ich bin zuversichtlich, dass dieser Fall in kürzester Zeit seinen Abschluss finden wird und ich restlos rehabilitiert werde.

Denn: Hochverrat – aus welchen Gründen? Weil ich angeblich meinen ehemaligen Schüler Draxx zu hart angepackt habe? Weil er „mental" nicht mehr dazu in der Lage gewesen wäre, den Druck meiner Lehraufsicht mit seiner Klientenbetreuung in Einklang zu bringen und als Abwehrreaktion sich in eine Art Meuterei geflüchtet habe?! Ich denke, ich habe bereits zur Genüge dargelegt, dass sich alle meine Anweisungen und Äußerungen gegenüber Draxx restlos ableiten lassen aus meinen mittlerweile zu Klassikern des Fachs avancierten Lehrbüchern, die zur Grundlage der meisten staatlichen und privaten Lehrinstitutionen geworden sind.

Vielmehr muss diese Kritik doch umgekehrt werden. Ich möchte so sagen: Weshalb gelingt es einem Schüler nicht, die bewährten Lehrmethoden und -inhalte in einer Weise zu verinnerlichen, die ihn zu jener praktischen Arbeit befähigt, die das Überleben unserer Spezies sichert, indem sie unsere Weisheitsschätze vor menschlichem Zugriff sichert? Das ist harte Arbeit, zweifellos. Aber sie erfordert eben auch eine harte Schule. Nur die Besten sind geeignet für diese hohe Aufgabe. Und nur die Besten werden auch den Fortbestand unserer Spezies garantieren können.

Ich bedauere sehr, das sagen zu müssen, denn als Lehrer sind es zuerst die anvertrauten Schüler, die es zu schützen gilt wie das eigene Feuer: Draxx ist der erste Schüler, der von einer derartigen Leistungsschwäche und (ja, ich muss es so hart sagen) Faulheit gezeichnet ist, dass ich in meiner über dreihundertjährigen Berufspraxis kein vergleichbares Beispiel eines Versagens nennen könnte. Niemand bedauert das persönliche Schicksal dieses Schülers so sehr, wie ich es tue.

Bleibt also nur noch der lächerliche Vorwurf, ich habe an institutsinternen Umsturzplänen gearbeitet, die mich an die Spitze der Akademie hätten bringen sollen. Abgesehen von dem enormen Zeit- und Personalaufwand, den eine solche Planung mit sich gebracht hätte – Zeit, die ich bei meinen vielen beruflichen und ehrenamtlichen Verpflichtungen natürlich nicht übrig habe –, muss doch die Frage gestellt werden: Traut man mir diese staatsfeindliche Gesinnung tatsächlich zu? Mir, der ich in über 220 Publikationen doch geradezu die Grundlagen unseres Lehrgebäudes im Alleingang errichtet habe? In mühevoller Arbeit und unter persönlichen Opfern, wie ich nebenbei nur erwähnen möchte. Die Ankläger – ich kenne sie alle, sie waren schon immer neidisch auf meinen Erfolg – führen sich selbst ad absurdum, indem sie ihre Vorwürfe ohne stichhaltige Beweise zu untermauern versuchen. Ich habe selber einen Bericht angefertigt, der zu ihren Anwürfen Punkt für Punkt Stellung bezieht. Es bleibt keine Frage darin offen.

Gestatten Sie mir bitte zum Schluss meines Plädoyers noch ein paar persönliche Worte. Ausdrücklich möchte ich dem hier anwesenden Akademiedirektor für sein so konsequentes Eingreifen danken, das, wie stets, ohne Ansehen der Person erfolgt ist. Ich hätte an seiner Stelle nicht anders gehandelt. Unsere Spezies kann sich glücklich schätzen, eine so überaus umsichtige wie tatkräftige Führungspersönlichkeit an der Spitze unserer höchsten staatlichen Lehranstalt zu haben.

Ein besondere Bitte möchte ich in diesem Zusammenhang an den hier anwesenden Vorsitzenden des Untersuchungsausschusses richten: Prüfen Sie doch bitte den aktuellen Status meines ehemaligen Schülers Draxx. Denn unter gewissen Voraussetzungen wäre ich selbstverständlich bereit, ihn wieder in die Obhut meines privaten Lehrinstituts zu stellen. Selbstverständlich muss zunächst der Prozess seinen offiziellen Abschluss – und damit auch die endgültige Zerschlagung aller Vorwürfe – finden.

Ich kann es nicht leugnen, mir liegt etwas an diesem ärmsten aller armen Schüler. Sicher, er zeigte zuletzt eine gewisse Aufmüpfigkeit, aber ich sehe darin eine Verzweiflungsreaktion angesichts der eigenen Misserfolge. Könnte ihm das jemand verdenken? Wir haben alle ein Herz. Und zu guter Letzt denke ich auch, dass es ganz in seinem eigenen Interesse ist, seine Ausbildung an exakt dem Punkt wieder aufzunehmen, an dem sie so bitter scheiterte. Es wäre nicht nur wünschenswert, sondern pädagogisch geradezu notwendig, ihn wieder in meine Obhut zu geben, weil ich am besten über seinen Wissens- und Entwicklungsstand Bescheid weiß. Ich verfüge über die notwendigen Grundlagen, sensitiv mit seinen Schwächen und Fähigkeiten (ja, auch die gibt es) umzugehen. Es wäre mir überdies auch eine ganz persönliche Ehre und, ja, Freude sogar, diese herausfordernde Aufgabe annehmen zu dürfen. Eine entsprechende Eingabe beim Ministerium habe ich jedenfalls vorsorglich gemacht. Ich weiß, dass Eure Exzellenz mir diese Bitte nicht einfach abschlagen werden.

Abschließend noch ein Wort an die hier Versammelten. Viele von euch – und auch in den Reihen der Richter und Justizbeamten sehe ich einige ehemalige Schüler – haben den Grundstein ihrer beruflichen Karriere erst durch meine strenge Schule legen können. Ich verweise nur auf einige wenige Titel wie „Konzeptionelle Grundlagen der finalen Klientenführung", „Krisenmanagement und Komplexitätsreduzierung", „Handbuch der Motivationsneutralisierung"...

Coaching

Susanne, 26, ist Lehramtsstudentin für die Grund- und Realschule mit den Fächern Deutsch und Sozialkunde. Sie ist durch ihre mündliche Prüfung gerasselt, nachdem sie ihre Klausuren mit »gut« bestanden hatte. Auch drei Tage nach der Prüfung ist sie noch völlig aufgebracht.

Susanne: So ein Schwein. So was hab' ich wirklich noch nie erlebt.

Coach: Moment, Moment, was ist denn passiert?

Susanne: Dieser Mistkerl! Ich bin total enttäuscht. Ich versteh's auch gar nicht. Der hatte es voll auf mich abgesehen. Sonst war der immer so nett.

Coach: Hat er Sie in der Prüfung unfair behandelt?

Susanne: Total unfair. Im Seminar war der immer total nett zu mir. Und in der Prüfung ist der plötzlich total unfreundlich und ungeduldig gewesen. Hat Sachen gefragt, die überhaupt nicht abgesprochen waren. Der hat mir überhaupt keine Chance gegeben. Ich glaub', ich hab' mich noch nie so sehr in einem Menschen getäuscht...

Coach: Was für Fragen hat er gestellt?

Susanne: Es war vereinbart, dass wir nur über ein Kapitel aus Adornos Dialektik der Aufklärung reden. Und was macht der? Fragt mich Dinge, die überhaupt nichts damit zu tun haben. Wollte plötzlich wissen, wann das Buch geschrieben wurde und war voll unfreundlich. Ich bin dann auch sauer geworden und hab' ihn gefragt, warum er das wissen will, das sei doch gar nicht vereinbart gewesen. Da ist der fast ausgeflippt und hat behauptet, man könne verlangen, dass Studenten wissen, von wann das Buch ist. Ich habe dann geraten und gesagt, es sei irgendwann in den Dreißigern geschrieben worden. Da hat er mich angegrinst und wollte die genaue Jahreszahl.»1937,« hab' ich gesagt.»1937?«, fragt er blöd zurück und grinst. Und plötzlich, ich weiß nicht, ob Sie so was kennen, hab' ich 'ne Zahl im Kopf gehabt. Aber mit einer Klarheit, keine Ahnung, wo die auf einmal herkam. Das war so 'ne ganz plötzliche Gewissheit. Und die sagte mir 1941. Also hab' ich's riskiert und gesagt:»1941«. Da hat der mich ganz komisch angeguckt und dann wieder so fies gegrinst.»1941? Sagten Sie eben nicht noch: in den Dreißigern beziehungsweise 1937?« Das war total scheiße. Der hat mich total gedemütigt.

Coach: Es ist ungewöhnlich, dass sich ein Prüfer so sehr in die Aussagen eines Prüflings »verbeißt«. Aber meinen Sie nicht, dass der Prüfer nach dem Erscheinungsjahr des Buches fragen darf, das Grundlage in der Prüfung ist?

Susanne: Was soll das denn heißen? Ich habe mich lange und gründlich auf die Prüfung vorbereitet. Ich hätte fast geheult in der Prüfung. (Mit Tränen in den Augen) Am Schluss, als er mir dann die Fünf gab, haben wir uns nochmal total in die Haare gekriegt. Ich hab' ihm gesagt, dass er das nicht mit mir machen kann und dass ich die Prüfung anfechten werde. Darauf hin hat er mich regelrecht rausgeschmissen.

Coach: Haben Sie seitdem nochmal mit dem Prüfer in Ruhe über die Prüfung geredet?

Susanne: Nein, um Gottes Willen. Ich habe alles mit der Sekretärin im Prüfungsamt besprochen. Die hat gesagt: »Lassen Sie den. Suchen Sie sich besser einen anderen Prüfer. Bei dem erreichen sie sowieso nichts mehr.« (Putzt sich die Nase.)

Coach: Diese Prüfung ist sehr unglücklich verlaufen.

Susanne: Ja ... wäre wohl auch besser gewesen, ich wäre nicht zu spät gekommen.

Coach: Zu spät ... zur eigenen Prüfung?

Susanne: Na ja, ich hatte morgens die S-Bahn verpasst und meinen Bus-Anschluss an die Uni dann auch nicht mehr gekriegt. Als ich dann vollkommen gestresst vorm Prüfungsraum ankam, stand er schon in der Tür und wollte gerade wieder gehen. Er hat mich dann aber doch noch geprüft. Wäre vielleicht besser gewesen, wenn ich gar nicht mehr gekommen wäre, so im Nachhinein.

Coach: Was machen Sie jetzt?

Susanne: Ich suche mir einen neuen Prüfer und ein neues Thema. Und das nächste Mal übernachte ich bei meiner Freundin. Dann bin ich in fünf Minuten an der Uni und brauche nicht mit der bescheuerten S-Bahn zu fahren.

Time out: Durchgefallen

Verpatzt oder verhauen?

Es gibt viele Möglichkeiten, durch eine Prüfung zu fallen. Letztlich kommt es auf die *Art* des Falls an. Die Fallhöhe, die Flugbahn und die Form der Landung sind wichtige Faktoren, die aus dem Vorgang, den wir pauschal »Durchfallen« nennen, ein individuelles Ereignis machen. Ob man einen »Freischuss« nicht nutzen konnte oder eine Klausur für einen unbenoteten Schein verhauen hat, ob man schon beim ersten Versuch mit Pauken und Trompeten durchs Vordiplom gerasselt ist oder beim letzten Versuch, das Staatsexamen zu bestehen – jeder scheitert individuell und dramatisch. Und die Unterschiede sind von besonderer Bedeutung, obwohl es immer um die bittere Erfahrung des Durchfallens geht. Dieser Begriff trifft genau ins Schwarze: Wer durchfällt, dem bricht der Boden unter den Füßen weg.

Leicht ohne Sinn

Leben braucht Ziele (Oink! Ja, das Floskelschwein). Wenn sich aber wichtige Ziele plötzlich zerschlagen, berührt uns das so tief wie kaum ein anderes Ereignis. Je höher das Ziel war, desto tiefer der drohende Fall und umso stärker die Frustration. Es ist deshalb nicht besonders clever, mit der leichtfertigen Einstellung in die Prüfung zu gehen: »Ich habe zwar fast nix gelernt, aber ich probier's trotzdem mal.« Manche Fachbereiche haben so genannte »Freischüsse« eingerichtet. Das sind vorgezogene Abschlussprüfungen für Turbospeedstudenten, die bei Nichtbestehen nicht gewertet werden. Klingt sehr nach Probeprüfung ohne Risiko. Doch auch wer hier durchfällt, der »fällt« erst mal – und muss wieder aufstehen. Diese psychische Belastung sollte man nicht auf die leichte Schulter nehmen. Viele Durchfälle sind das Ergebnis von Selbstüberschätzung: Die Kandidaten haben sich zu früh angemeldet, ihnen blieb zu wenig Zeit zum Lernen, sie haben ihren Stoff noch nicht ausreichend verinnerlicht ...

Mein Waterloo

Eine nicht bestandene Prüfung kränkt. Das Ziel, für kurze Zeit so dicht vor den Augen, rückt wieder in unerreichbare Ferne. Es ist so, als ob mir die Tür vor der Nase zugeschlagen wird und ich nun alleine da stehe. Hinter der Tür: Stille. Vielleicht ein Lachen. Die schlimmste aller Befürchtungen über mich selbst hat sich bestätigt und ist sogar amtlich geworden: Ich bin nicht gut genug. Meine Selbstwahrnehmung – sonst immer so verlässlich – hat gründlich versagt. Obwohl ich glaubte, ich werde es packen, beweist mir der Prof: Ich bring's einfach nicht.

Kaum eine Situation im Leben liefert so viel Energie zur Selbstdemontage wie eine verpatzte Prüfung (ausgenommen vielleicht, wenn sich Ihr Partner von Ihnen trennt). Nach dem Desaster ist man »sooo klein mit Hut« und will sich am liebsten unbemerkt von der Bühne stehlen. Kein Wunder, wenn das Umfeld sich Sorgen um den Gescheiterten macht. Freunde und Familie raten meist unisono: »Vergiss es einfach, fang nochmal von vorne an.« Sie meinen es ja so gut, und doch vergrößern sie damit nur die Kluft zum »Versager«.

Was tun mit den Scherben?

Wer durch eine Prüfung gefallen ist, kann nicht einfach wieder von vorne anfangen. Wer das dennoch behauptet, kann sich vermutlich nicht wirklich auf den Schmerz und das Scheitern des Prüflings einlassen. Schneller Trost tröstet nicht wirklich, sondern will nur den Schmerz abwürgen. Nie kann ein Mensch einfach erneut von vorne anfangen, denn er ist nicht mehr der Gleiche wie zuvor. Das ist keine sophistische Spitzfindigkeit, sondern eine Erkenntnis, die Ihre Einstellung für den nächsten Versuch entscheidend verändern kann. Mal angenommen, Sie sind tatsächlich durchgefallen – dann *darf* sich Ihre Prüfung nicht wiederholen! Sonst würden Sie ja wieder durchfallen. Ein Gutes hat der nächste Versuch in jedem Fall: Weil Sie sich anders vorbereiten werden, weil es diesmal andere Fragen gibt und weil wahrscheinlich ein neuer Prüfer für Sie verantwortlich ist, wird sich auch der Verlauf und das Ergebnis der Prüfung nicht eins zu eins wiederholen.

Trümmerfrauen und -männer gesucht

Vielleicht überlegen Sie ja bereits, wie schnell Sie Ihren Kopf wieder frei kriegen, um einen neuen Versuch zu wagen?! Wenn Ihnen die Bilder der gescheiterten Prüfung immer noch im Kopf rumspuken, sollten Sie aber nicht überstürzt auf *Delete* drücken. Im Gegenteil: Nutzen Sie diese Bilder. Gerade *weil* sich die Prüfung nicht wiederholen darf, sollten Sie Ihre erlittenen Erfahrungen genau inspizieren. Welche Gründe haben zum Scheitern geführt? Was können Sie daran verändern? Meistens haben misslungene Prüfungen gleich mehrere Ursachen. Da hilft es vielleicht, wenn Sie sich nochmal das Prüfungsdreieck vor Augen führen. War Ihr Kontakt zum Thema und zum Prüfer stimmig? Hat es während Ihrer Prüfung vielleicht Störungen aus dem Umfeld gegeben? Jeder Hinweis kann aufschlussreich sein und Sie beim nächsten Anlauf unterstützen.

Vor dem Weiterlernen sollten Sie sich auch Ihre Vorbereitung auf die missratene Prüfung genauer ansehen. Welche Phase ist gut verlaufen, welche war unproduktiv? Diese Überlegungen sind enorm wichtig. Sie müssen schließlich einen neuen Vorbereitungsprozess starten. Und für den brauchen Sie garantiert nicht nochmal ganz von vorne anzufangen. Denn vieles haben Sie bereits vor dem gescheiterten Versuch gelernt.

Katastrophe oder Wachstumsschmerzen?

Mal angenommen, Sie *waren* gut vorbereitet und sind trotzdem durchgefallen. Dann lag es vielleicht nicht an Ihrer Vorbereitung. Wenn Sie sich in der Prüfung an etwas nicht erinnern konnten, bedeutet das nicht automatisch, dass Sie es vergessen haben. Vielleicht haben Ihnen nur die nötigen Abrufreize gefehlt. Wenn das zutrifft, reicht es wahrscheinlich völlig aus, wenn Sie sich bei der neuen Vorbereitung mehr auf den 6th beat (»Präsentieren«) konzentrieren und parallel dazu eine Wiederholungsphase einbauen. Wenn Sie allerdings merken, dass Sie den Lernstoff in seiner Tiefe noch nicht erfasst haben, sollten Sie auf jeden Fall eine zweite Bearbeitungsphase einplanen.

Wer zum ersten Mal in seinem Leben eine Prüfung in den Sand gesetzt hat, macht womöglich eine ganz neue Erfahrung: Erfolg ist nicht selbstverständlich. Nicht alles ist erreichbar. Die Anforderungen wachsen. Wachsen Sie mit? Ob der Student mit den Ansprüchen der jeweiligen Studienphase mithalten kann, hängt davon ab, *ob*, *wie* und *wie schnell* er wächst. Damit sind sein Arbeitsverhalten, seine Lernstrategie und sein Zeitmanagement gemeint. Verpatzte Prüfungen können wichtige Signale sein: »Halt, so geht es nicht weiter! Du musst etwas ändern!« Weil Lernen aber etwas mit Wachstum zu tun hat, ist die Vorbereitung auf den zweiten Versuch keine verlorene Zeit. Vielmehr beginnt mit ihr ein neuer Reifeprozess. Beim ersten Versuch hat es eben noch nicht ganz gelangt. Deshalb: Bitte weiterwachsen!

Und wenn es kein zweites Mal gibt?

Manche trifft eine verpatze Prüfung besonders hart, zum Beispiel wenn sie mehrmals durch eine zentrale Klausur gefallen sind und diese nicht mehr wiederholen dürfen. Oder sie sind beim letzten Versuch, die Abschlussprüfung zu bestehen, gescheitert. Dass der Schock – und oft auch die

Verzweiflung – besonders tief sitzt, ist nur all zu verständlich. Wer sein Studienziel endgültig nicht erreicht hat und auch nie erreichen wird, muss seine Lage gründlich überdenken. Außerdem muss die »Blamage« irgendwie auch noch der Familie und den Freunden »gebeichtet« werden. Peinlich. In einem solchen Fall möchten wir dringend dazu raten, sich helfen zu lassen. Denn die Frustration des Scheiterns kann zu Verletzungen führen, die nicht ohne weiteres heilen. Ein emotionaler Dominoeffekt beginnt: Die Enttäuschung schlägt in Wut um, führt zu Selbsthass und kann in einer Depression enden. Hier wird es notwendig sein, in einem begleiteten Trauerprozess Abschied von seinen Zielen, Träumen und Erwartungen zu nehmen. Ich muss mich von meiner beruflichen Zielvorstellung lösen und auf einen angestrebten gesellschaftlichen Status verzichten. Eine neue Lebensperspektive will gesucht und eine neue Richtung eingeschlagen werden. Vielleicht betrete ich sogar ein ganz fremdes (Fach-)Gebiet?! Das braucht Zeit und kann mir mit Beratung und Begleitung leichter fallen. Erste Anlaufstellen können hier psychotherapeutische Beratungsstellen sein. Hilfestellung bieten aber auch die Studienberatung, Hochschulgemeinden, Einrichtungen der Lebensberatung oder einfach die Telefonseelsorge.

Beat it once again!

Auch wenn es diejenigen, die davon direkt betroffen sind, nicht wirklich trösten wird: Menschen, die aus dem Studium »herausgeprüft« wurden, finden sehr häufig ihren Weg. Es bleibt zwar Trauer darüber zurück, nun doch keine Ärztin geworden zu sein, aber die Eventmanagerin für Pharmapräsentationen spürt, dass sie mit ihrem Organisationstalent den für sie passenden Beruf gefunden hat. Sie hat nicht den Eindruck, dass vier Jahre Medizinstudium eine verlorene Zeit für sie waren. Im Gegenteil: Sie merkt immer wieder, dass ihr medizinisches Fachwissen nicht schlecht ist. Klar eigentlich, denn sie hat schließlich acht Semester Medizin studiert. Und das war nicht umsonst.

So gesehen befindet sich jeder, der durch eine Prüfung gefallen ist, sofort wieder in einer neuen Bewährungssituation. Jetzt geht es darum, ob Sie es schaffen, den Misserfolg zu überwinden und anders wieder anzufangen. Vielleicht wird nach einer solchen Erfahrung des Scheiterns endlich auch der Blick wieder frei dafür, dass sich unsere Lebenswelt nicht allein aus Erfolgen speist. Mindestens ebenso häufig spielen sich um uns herum Dramen und Krisen ab, von denen wir sonst kaum etwas wahrnehmen. Aber vielleicht sind Sie so erschüttert, dass nichts mehr zu Ihnen durchdringen kann? In der Krise verschwimmen die Perspektiven. Alle Sicherheiten sind mit einem Mal verschwunden. Eine Frage taucht auf: Was hält und trägt mich überhaupt noch? Woher bekomme ich jetzt neue Kraft und neue Motivation? Bin ich vielleicht sogar existenziell gescheitert? Wirklich gute Freunde werden dann zu Lebensrettern, weil sie mich aus meiner Bude holen und an die frische Luft bringen, wo ich durchatmen kann. Vielleicht hilft mir auch ein guter Song, ein Buch oder ein Gedicht, das mich daran erinnert, dass ich nicht auf der Welt bin, um von anderen Menschen geprüft zu werden; dass ich einen Kern an menschlicher Würde besitze, der schon längst – und zwar von »höchster Instanz« – für gut befunden worden ist und den mir niemand auf der Welt absprechen kann.

Krisen haben immer mit unerwünschten Veränderungen, aber auch mit Entwicklungen zu tun. In ihnen stecken wahrscheinlich deshalb so vielversprechende Wachstumsmöglichkeiten, weil sie so radikal sind und bis zu den eigenen Wurzeln (lateinisch »radix«) hinabreichen. Musterlösungen für ein gelungenes Leben gibt es natürlich ebenso wenig wie einen Masterplan für die perfekte Prüfung. Aber der erste Schritt in eine gute Richtung beginnt immer mit einer Entscheidung: *Beat it. Once again!*

Abschlussgespräch

Coaching

Maike hat ihr Lehramtsstudium erfolgreich absolviert und ist dabei, ins Referendariat einzusteigen. Ihre Vorbereitungszeit auf die mündlichen Prüfungen hat sie durch Coaching begleiten lassen. Acht Mal traf sie sich für jeweils 50 Minuten mit dem Coach, um ihre Prüfungsangst zu überwinden und sich effektiv vorzubereiten. Jetzt, vier Wochen nach der letzten Prüfung, führt sie das Abschlussgespräch, mit dem das Coaching endet.

Coach: Wir haben schon über Ihre neuen beruflichen Herausforderungen gesprochen. Aber unsere Aufgabe heute ist es, das Prüfungscoaching abzuschließen.

Maike: Okay. Aber schade eigentlich. Ich hatte mich fast an die Gespräche gewöhnt.

Coach: Das Ziel ist erreicht. Sie sind da, wo Sie hin wollten.

Maike: Ich habe Sie auch schon weiterempfohlen. Letztens hat mich jemand gefragt: »Prüfungscoaching, was ist das eigentlich?« Ich hab' ihm gesagt: »Das ist vor allem eine gute Begleitung in der Prüfungszeit.« Mir hat das gut getan, jemanden zu haben, der sich für meine Prüfungen interessierte. Dem ich auch mal das Ohr abquatschen konnte und der nicht gleich »Jetzt reicht's aber« sagte. Und der Bekannte wollte auch gleich Ihre Telefonnummer haben.

Coach: Im Laufe der Zeit hat sich hier im Prüfungscoaching etwas verändert.

Maike: Oh ja. Die ersten Treffen waren für mich die Hölle. Jedes Mal, wenn ich hier hergekommen bin, hab' ich die Panik gekriegt und mir gedacht: Oje, die Prüfung selbst kann jetzt auch nicht mehr schlimmer werden.

Coach: Wovor hatten Sie denn Angst?

Maike: Es gab eigentlich keinen Grund – Sie waren ja immer sehr freundlich zu mir. Ich hatte vielleicht Angst vor den Fragen. Davor, genau hinzusehen auf das, was ich zwischenzeitlich gemacht hatte. Das war ja oft sehr wenig. Und die meisten Dinge, die ich mir hier vorgenommen habe, die hab' ich erst kurz vor dem nächsten Gespräch erledigt. Mein erster Zeitplan ist nachts um halb zwei vor der Coachingsitzung entstanden. Ich wollte doch nicht, dass Sie enttäuscht sind.

Coach: *Er war aber nicht schlecht, Ihr Zeitplan.*

Maike: Das mit der Angst hat sich zum Glück ja auch wieder gelegt. Ich hab' meinen Rhythmus gefunden. Bin zwar mit meinem Lernen weiter unzufrieden gewesen, aber es hat für die Prüfung gereicht. Manchmal, wenn ich Ihnen von meiner Vorbereitung und den Themen erzählt habe, kam mir der Gedanke: Wenn ich dem das alles schon so gut erklären kann, dann klappt das später in der Prüfung beim Prof genauso. Und so war's auch.

Coach: *Und wo ist die Prüfungsangst geblieben?*

Maike: Die war immer da. Wir haben ja eigentlich ganz selten von der Prüfungsangst gesprochen. So nach dem vierten Gespräch habe ich mich dann hier richtig wohl gefühlt. Ich hatte mich daran gewöhnt, dass Sie nichts von sich erzählen und dass ich Ihre Aufmerksamkeit einfach annehmen kann. Eigentlich voll der Luxus, so im Nachhinein. Ich konnte mich jedenfalls ganz auf meine Sachen konzentrieren. Dabei war's ja auch nicht immer todernst; wir haben ja auch viel gelacht. Ich hatte immer mehr das Gefühl, dass das, was ich sage, gar nicht so beknackt ist, wie ich vorher immer dachte.

Coach: *Na ja, manchmal habe ich Sie ja schon kritisiert.*

Maike: Oh ja, bei der ersten Gliederung, die ich Ihnen gezeigt habe. Nach dem Gespräch wollte ich alles hinschmeißen. Ich hab' mich so geschämt und war so sauer auf Sie. Aber dann wollte ich's wissen. Eigentlich hatten Sie ja recht, die Gliederung war wirklich miserabel. Ich habe dann das Thema ganz neu aufgebaut – und es hat wunderbar geklappt.

Coach: Sie würden sagen, dass ich damals zu kritisch war?

Maike: Ein bisschen schon. Vor allem wollten Sie alles so genau wissen. Wenn ich von meinem Wochenplan sprach, haben Sie immer nachgebohrt:»Ist das machbar?« oder »Halten Sie das überhaupt durch?« Das war mir ziemlich unangenehm. Bis ich irgendwann einfach gesagt habe:»Ja, klar schaff' ich das!« Und dann war die Zusammenfassung wirklich bis Freitag fertig. Ich war so stolz auf mich! Aber ich bin insgesamt auch realistischer geworden. Ich will mir nur noch das vornehmen, was ich auch schaffen kann.

Coach: Der Coach als unbestechlicher Kritiker.

Maike: Oder einfach nur mit mehr Realitätssinn. Je mehr ich in die Prüfungsvorbereitung rein kam und mich auf das Lernen konzentrierte, desto wohler habe ich mich hier gefühlt. In den letzten drei Wochen vor der Prüfung waren Sie für mich auch kein »Probeprof« mehr. Da konnte ich hier auftanken, meine Gedanken sortieren und, ja, Luft schnappen. Das hat sehr gut getan. Ich hab' neulich gelesen, Coaching kommt von »Coach«, Kutsche. Mich haben die Gespräche hier jedenfalls wirklich weitergebracht.

Coach: Ja, sogar in die Prüfung hinein.

Maike: Genau. Ich hätte vor ein paar Monaten nicht gedacht, wie wichtig es ist, dass man mit der richtigen Einstellung in die Prüfung geht. Ich habe zu akzeptieren gelernt, dass meine Angst ständig dabei ist. Und ich konnte diesmal wesentlich besser einschätzen, was ich auf dem Kasten habe und wo meine blinden Flecken sind. Ich habe mein Bestes getan und alles gegeben, was ich konnte. Entweder es reicht, oder es reicht eben nicht.

Coach: Es hat ja nicht nur mal gerade eben gereicht.

Maike: Ja gut, ich hätte vorher nie gedacht, dass ich mein Studium mal mit 'ner glatten Zwei abschließe.

Coach: Das stimmt so nicht ganz.

Maike: Ach, das meinen Sie. Sie haben recht: In der vorletzten Sitzung habe ich Ihnen mein zweites Prüfungsthema präsentiert.

Coach: Und anschließend fragte ich Sie, welche Note Sie sich dafür geben würden.

Maike: Ich sagte: »Eine Zwei.«

Coach: Und?

Maike: Es war ja auch »gut«.

Abschied von Kummerland

Was Ihnen jetzt wohl durch den Kopf geht, am Ende des Buches? Sicher, trotz Lektüre und vielen (hoffentlich) guten Ratschlägen und trotz aller theoretischen Problemlösung bleibt es dabei: Sie müssen selber durchs Drachenland gehen. Sie müssen alle nötigen Kämpfe alleine bestehen. Aber heißt das auch automatisch, dass Sie alleine sind? Mit diesem Buch wollten wir Sie wappnen und Ihnen alles Nötige an die Hand geben, das Sie für eine gelungene Prüfung brauchen. Als wichtigste Waffe könnte sich für Sie vielleicht das Prüfungsdreieck erweisen. Es zeigt Ihnen immer, wo Sie sich in der Vorbereitung gerade befinden und in welche Richtung Sie sich wenden sollten, falls Sie sich zu einseitig präparieren oder im Prüfungsgespräch zu sehr in die Defensive geraten. Dabei orientiert es sich niemals an festen Gegebenheiten, sondern passt sich immer Ihrer persönlichen Situation an. Nutzen Sie es als Kompass und Sie haben einen zuverlässigen Helfer bei der Hand.

Was im Prüfungscoaching passiert

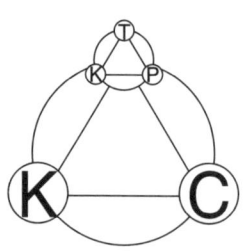

Im Prüfungscoaching geht es um eine besonders delikate Dreiecksbeziehung: das Prüfungsdreieck. Kandidat und Coach sprechen über die Prüfung. Das Ziel: Der Kandidat soll ein möglichst klares und stimmiges Bild von der eigenen Prüfung erhalten. Das stärkt seine Motivation und verringert seine Angst.

Und wie ist es mit der Angst vor den Prüfungsdrachen? Wird die irgendwann verschwinden? Besser, Sie rechnen nicht damit. Drachen können immer beißen. Deshalb ist ein gewisser Sicherheitsabstand ratsam. Aber die meisten sind nur Prahlhanse und Aufschneider. Sie wähnen sich viel zu sicher. Klappern gehört für sie zum Handwerk. Und wer genau hinhört, dem verrät ihr Klappern etwas. Meistens enthält es schon die Lösung eines Konflikts. Die Drachen werden nicht verschwinden, aber Sie können sie im Verlauf Ihrer Vorbereitungen zum Schrumpfen bringen. Sicher nicht dadurch, dass Sie ihnen zu viel Aufmerksamkeit schenken. Wohl aber dadurch, dass Sie Ihre eigenen Themen finden und sie gründlich vorbereiten. Dann liegt Ihr Schwerpunkt auch dort, wo er sein sollte: auf der Arbeit und nicht auf den Drachen.

Prüfungen zählen zu unseren Grunderfahrungen wie etwa der erste Sprung vom Dreier oder die erste eigene Beule in Vatis 5er BMW. Sie dokumentieren unsere persönliche Entwicklung. Wenn Sie die Erfahrung machen, dass Sie einen Vorbereitungsprozess gestalten und durchleben können und schließlich auch noch die Prüfung packen, haben Sie Stärke bewiesen – trotz aller Schwächen. Und die eigenen Prüfungsdrachen zu bezwingen ist ein ganz besonderer Erfolg. Sie gehen gestärkt aus dieser Begegnung hervor und lassen das bedrückende Kummerland der Prüfungsdrachen hinter sich.

Literatur

Jürgen Bredenkamp, *Lernen, Erinnern, Vergessen*, München 1998

Tony Buzan, *Das Mind-Map-Buch*, Landsberg a. L. 2002

Ruth C. Cohn, *Es geht ums Anteilnehmen*, Freiburg i. Br. 1989

Lutz Dietze, *Mündlich: ausgezeichnet. Informationen, Tipps und Übungen für ein optimales Examen*, Frankfurt am Main 1999

Umberto Eco, *Wie man eine wissenschaftliche Abschlussarbeit schreibt*, Heidelberg 1988

Franz Kafka, *Nachgelassene Schriften und Fragmente II*, in der Fassung der Handschriften hrsg. von J. Schillemeit, Frankfurt an Main 1992

Barbara Langmaack, *Einführung in die Themenzentrierte Interaktion TZI*, Weinheim und Basel 2001

Hans-Joachim Markowitsch, *Dem Gedächtnis auf der Spur*, Darmstadt 2002

Werner Metzig, Martin Schuster, *Lernen zu lernen*, Berlin, Heidelberg 2003

Jürgen Mittelstraß, *Wissen und Grenzen*, Frankfurt am Main 2001

Jürgen Mittelstraß: »Die deutsche Universität verliert ihre Seele« in: *Frankfurter Rundschau* vom 26.06.2003, Dokumentation

Marita Pabst-Weinschenk, *Reden im Studium. Ein Trainingsprogramm*, Frankfurt am Main 1995

Fritz Riemann, *Grundformen der Angst*, München 1986

Gerhard Roth, »Warum sind Lehrer und Lernen so schwierig?«, in: *Report. Literatur- und Forschungsreport Weiterbildung* 3/2003, S. 20–28

Daniel L. Schacter, *Wir sind Erinnerung, Gedächtnis und Persönlichkeit*, Hamburg 2001

Jörn W. Scheer, Helmuth Zenz, *Studenten in der Prüfung*, Frankfurt am Main 1973

Wolff-Dietrich Webler, Nicht immer hat der Prüfling versagt, Interview mit Annette Goebel, 14. 10. 2002, http://www.berlin online.de/berliner-zeitung/archiv/.bin/dump.fcgi/2002/ 1014/sonderbeilagen/0011/

Lutz von Werder, *Grundkurs des wissenschaftlichen Lesens*, Berlin 1995

Lutz von Werder u. a., *Weg mit Schreibstörung und Lesestress*, Hohengehren 2001